精選100項目で押さえる
管理職の理論と実践

特定社会保険労務士
本田和盛
［著］

労務行政

はしがき

　本書は、前著『管理職の基本と原則』の続編として書き下ろしたものです。前著は新任管理職を主な読者層として想定し、マネジメントに求められる基本と原則を幅広く解説しました。日常の労務管理に必要な知識はもちろんのこと、人事評価、メンタルヘルス、部下指導まで、新任管理職であれば、ぜひ、知っておきたいテーマを網羅的に取り上げました。

　それに対して本書は、経験と実績のある課長以上の上級管理職を主な対象にしています。もちろん将来、役員などの経営層を目指そうとする意欲的な一般の読者の方に読んでいただいても学びや気づきが得られるように仕上げています。

　部長などの上級管理職になると、自分ですべての部下を管理するのではなく、課長や係長などの中間管理職を介して、間接的に管理する立場になります。人を直接動かすのではなく、組織を通じて人を動かすことになり、人材マネジメントの次元が大きく変わります。

　課長にはなれても部長にはなれない人は、実はこの組織を動かすという次元の知識やスキルが不足しているのです。対人スキルが高く問題解決力に優れた課長、親分肌でメンバーといっしょになって成果を生み出すプレイングマネジャーであっても、組織を動かすことができなければ、より上位の管理職は務まりません。

　本書は、上級管理職に必要な高い視点と高度なマネジメント力、組織と人に対する深い理解が得られるように、幅広い観点から解説しています。本書が、上級管理職を目指す方に、少しでもお役に立つことができれば幸いです。

2016年5月

本田和盛

CONTENTS

① 管理職の心得と仕事・役割　9
　1　成果が出ない職場の責任は管理職にある …………… 10
　2　部下を通じて成果を上げるのが管理職の役割 ……… 12
　3　判断・決断ができない管理職はいらない …………… 14
　4　大所高所から次の一手を先読みする ………………… 16
　5　育成視点で部下のモチベーションを喚起する ……… 18
　6　粘り強い行動で問題解決に導く ……………………… 20
　7　管理職とは、管理職に必要な能力要件とは ………… 22

② 組織を動かし、業務を遂行する　25
　8　ビジョンと目標を示し、組織を動かす ……………… 26
　9　目標・方針・目的・計画を示し、部下を導く ……… 28
　10　計画を立て、仕事を割り振る ………………………… 30
　11　業務の全体像を把握し、仕事のデザインを行う …… 32
　12　業務を見える化し、仕事のヌケ・モレを防止する … 34
　13　リスクを想定し、対策を講じる ……………………… 36
　14　上層部を動かし、他部署と連携する ………………… 38
　15　緊張感を持続させ、達成感を分かち合う …………… 40

③ 業務を管理し、成果を上げる　43
　16　仕事管理の基本はPDCA ……………………………… 44
　17　業務効率化のためのECRSの原則 …………………… 46
　18　課題を焦点化し、仕事の優先順位をつける ………… 48
　19　段取りが仕事の効率を左右する ……………………… 50

- 20 やるべきことをマイルストーンで管理する …… 52
- 21 報・連・相で必要な情報を把握する …… 54
- 22 成果を高める指示・命令の出し方 …… 56
- 23 指示を出す前に、現場の状況を把握する …… 58
- 24 「やらされ感」を感じさせない指示の出し方 …… 60
- 25 仕事のマニュアル化で効率アップを図る …… 62

④複雑な問題に対処する　65

- 26 問題を見つけ、定義する …… 66
- 27 見えない問題を見つけるための意識と視点 …… 68
- 28 複眼思考で既成概念にとらわれない …… 70
- 29 本質的な原因究明は「三現主義」と「なぜ」で行う …… 72
- 30 事実を整理し、原因にフォーカスする …… 74
- 31 問題を課題化し、アクションにつなげる …… 76
- 32 問題解決への経験の活用 …… 78
- 33 目的を再確認し、解決策を検討する …… 80
- 34 過去の失敗から学ぶ …… 82
- 35 人間関係の問題へのアプローチ …… 84

⑤リーダーシップを発揮する　87

- 36 困難な局面でこそ、リーダーシップが試される …… 88
- 37 リーダーはポジティブに考え、行動する …… 90
- 38 部下を説得できなければリーダーは務まらない …… 92
- 39 ビジョンを描き、メンバーを引きつける …… 94
- 40 メンバーにチャレンジさせるアプローチの仕方 …… 96
- 41 聞き上手なリーダーがチームを効果的に回す …… 98

42　社内にネットワークを形成し、影響力を強める ………… 100
　43　部下のワーク・ライフ・バランスにも配慮する ………… 102

⑥チームをまとめる　　105
　44　チームマネジメントの原則 ……………………………… 106
　45　チーム一丸で成果獲得に取り組む ……………………… 108
　46　チームビルディングでのリーダーの役割 ……………… 110
　47　チームを機能させる仕組みづくり ……………………… 112
　48　公平な評価がチームを強くする ………………………… 114
　49　疑心暗鬼がチームの効率を低下させる ………………… 116
　50　チーム目標と個人目標を統合させる …………………… 118
　51　成熟したチームを目指す ………………………………… 120

⑦部下のやる気を引き出す　　123
　52　部下の存在を認めることが、やる気を引き出す第一歩 ………… 124
　53　共感的な姿勢が、部下の態度を和らげる ……………… 126
　54　部下の非言語メッセージに着目する …………………… 128
　55　「やればできる」を実感させる ………………………… 130
　56　褒め方のバリエーションを増やす ……………………… 132
　57　部下が受け入れやすい褒め方をする …………………… 134
　58　やる気を阻害する要因を排除し、チャレンジさせる … 136
　59　仕事の目的・背景を説明し、意識を高める …………… 138

⑧ 部下を育て、成長させる　　141

- 60　「できる部下」だけが部下ではない……………………142
- 61　部下のキャリアに目を向ける……………………………144
- 62　ダメな部下だと決めつけていないか……………………146
- 63　部下に任せることができなければ、部下は育たない…148
- 64　部下を遠ざける質問の仕方をしていないか……………150
- 65　部下を育てる叱り方……………………………………152
- 66　自分の役割や立場を理解しない部下に気づかせる方法…154
- 67　報・連・相を活用し、自律的な部下を育成する………156

⑨ 職場活性化とファシリテーション　　159

- 68　組織活性化ファシリテーションの進め方………………160
- 69　会議を効率的・効果的に活性化させる…………………162
- 70　やる気をなくす暗い職場を明るくする…………………164
- 71　メンバーが本音で話せる環境をつくる…………………166
- 72　メンバー全員で学習できる環境をつくる………………168
- 73　メンバー一人ひとりが主役になれる工夫をする………170
- 74　働きがいがある職場を目指す……………………………172
- 75　誰も手を出さない仕事をなくす…………………………174
- 76　風通しの良い職場をつくる………………………………176
- 77　新人を組織になじませる…………………………………178
- 78　多様性を受容することで、一体感のある組織をつくる…180

⑩ こんな問題管理職になっていないか　　183

- 79　気分で仕事をする気まぐれ管理職………………………184
- 80　仕事を丸投げする無責任管理職…………………………186

- 81　権限委譲ができない偏狭管理職 …………………… 188
- 82　過去の成功体験から抜け出せない無思考管理職 …… 190
- 83　失敗を押し付け、手柄を横取りする狡猾管理職 …… 192
- 84　部下よりも上司が大事な"ヒラメ型"管理職 ……… 194
- 85　感情をコントロールできない無軌道管理職 ………… 196

⑪コンプライアンスとビジネス倫理　　199

- 86　企業の社会的責任とビジネス倫理 …………………… 200
- 87　企業の事業活動とコンプライアンス ………………… 202
- 88　会社は誰のためにあるのか …………………………… 204
- 89　管理職に求められるビジネス倫理 …………………… 206
- 90　企業の不正防止と内部統制 …………………………… 208
- 91　情報管理とインサイダー取引規制 …………………… 210

⑫管理職が知っておくべき経営数字の基本　　213

- 92　数字を理解し、数字で考え、数字で説明する ……… 214
- 93　会社で使う会計用語の基礎知識 ……………………… 216
- 94　利益を生み出す仕組みを理解する …………………… 218
- 95　P/L、B/Sの基本を押さえる ………………………… 220
- 96　キャッシュフローの重要性 …………………………… 222
- 97　損益分岐点の考え方 …………………………………… 224
- 98　スピード経営と業務効率化 …………………………… 226
- 99　収益を生まない仕事は今すぐやめる ………………… 228
- 100　部分最適ではなく全体最適で考える ………………… 230

管理職の心得と仕事・役割

1 成果が出ない職場の責任は管理職にある

- 管理職は部門の最終的な成果責任を持つ。部下の能力が十分でない、外部環境の変化が大き過ぎたという言い訳はできない
- 自身に責任があるという意識が揺らぐと、管理職としての軸がぶれてしまい、部下の支持が得られなくなる

1　管理職の責任はアカウンタビリティである

　管理職は任されている部門や業務フィールドでは、最終責任者である。時には理不尽・不条理だと思うこともあるだろう。しかし管理職であれば、「自分自身が最終責任者である」という自覚だけは、体に染み込ませておかなければならない。そうしないと失敗の責任を部下に転嫁し、自身より上位の管理職や役員に暴言を吐くなど、冷静さを失った行動を取ってしまう。

　もちろん、自身の部下の能力が十分でないために成果が出せないこともある。また、景気の悪化など自身の力を及ぼせない外部環境が原因のこともあるだろう。場合によっては、上位方針の誤りにより、成果が出せないこともあろう。しかし、部門業績の責任は管理職自身にあるのだ。これが厳然たる組織の鉄則である。

　部門を預かる管理職の責任は「成果責任（アカウンタビリティ／accountability）」である、といわれる。アカウンタビリティとは、最終的な部門成果が何であるかを会社に説明する責任である。アカウントには「預金口座の残高」という意味もある。予算や人員といった経営資源を投入した上で、最終的に部門という口座に残った成果に対し責任を持つと考えると分かりやすい。これに対して一般従業員の責任

■ 管理職の責任・一般従業員の責任

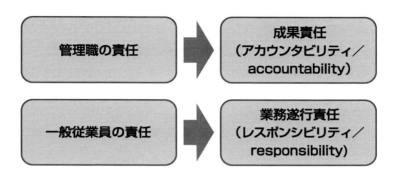

は、「業務遂行責任（レスポンシビリティ／ responsibility）」といわれる。基本的には、上から言われたことにきちんと対応していれば、それ以上の責任は問われない。

2 管理職も問題の一部であるという認識を持つ

「自分自身に最終的な責任がある」ことは、管理職であれば誰もが理解しているかもしれない。しかし、理屈では分かっていても本心から受容できているとは限らない。それゆえに管理職は葛藤し、悩むのである。そのような場合は、問題を発生させている原因の大部分が自分以外にあるとしても、管理職自身もその一部であると考えるとよい。自分自身にも問題があると捉え直すことで、バランスの取れた解決策が見いだせることもある。

意識を自分以外に向け過ぎると他責になり、逆に、自分の内面に向け過ぎると過剰な自責の念にさいなまれてしまう。さらに、自分の能力不足を原因と考えると劣等感から抜け出せなくなる。したがって、管理職はバランス感覚を持つことが大切だ。

2 部下を通じて成果を上げるのが管理職の役割

- 「管理」とは、部下を指揮し、効率的かつ効果的に業務上の成果を上げるための活動・プロセスである
- 管理職の役割とは、マネジメント階層によらず、部下を通じて成果を上げることである

1 管理には効率性と効果性が必要

　「管理」（マネジメント）とは、部下を指揮し、効率的かつ効果的に業務上の成果を上げるための活動・プロセスのことをいう。

　「効率的」とは、最小のインプットで最大のアウトプットを生み出すことである。経営資源の無駄遣いを排除し、部下が最も合理的な手順で業務を遂行できるように指揮することで、効率性は高まる。例えば、部下一人ひとりの業務負荷を平準化するように仕事を割り振ることは効率化に寄与する。また、業務全体の作業計画を見直し、最短・最速でアウトプットを得られるように作業手順を標準化することも効率を上げる有効な方法である。

　一方、「効果的」とは、組織目標の達成に対して有効な対策を講じることができたかということである。管理には、効率性、効果性の両方が必要である。効率的にアウトプットを出したとしても、組織目標を達成できていなければ、成果が出たとはいえない。逆に効果性を追求し過ぎて、コストアップ、納期遅延など効率性を悪化させることも「管理」できているとはいえない。

■ 管理の効率性と効果性

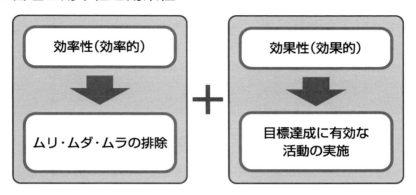

2　部下を通じて成果を上げることが管理職の役割

　管理職とは名前のとおり、管理をすることが仕事だ。何を管理するかは、管理職がどのマネジメント階層なのかによって異なる。第一線の現場管理職（ロワー・マネジャー）であれば、管理の対象は人である。例えばチームリーダーや職長、プレイング・マネジャーといった少人数の部下を抱えている管理職であれば、専ら直属部下の日々の仕事を指示することが仕事となる。

　課長や部長などのミドル・マネジャーになると、管理の対象が人だけではなく、人の集まりである組織にまで広がる。さらに役員などトップ・マネジャーになると、組織や事業そのものが管理の対象となり、経営資源の配分など組織の方針を決定する重要な役割を担う。戦略的に物事を考える「コンセプチュアル・スキル」も高いレベルで求められる。

　しかし、方針を決定するのはトップ・マネジャーであっても、その方針を下位の組織や従業員に伝え、戦略を実行していくのは部下であるミドル・マネジャーである。そう考えると、マネジメント階層によらず、部下を通じて成果を上げることが管理職の役割であるといえよう。

3 判断・決断ができない管理職はいらない

- 管理職が意思決定を求められる場面は多い。管理職が迅速に判断や決断をできないと、業務に大きな支障が出ることになる
- 管理職は、情報が不足する曖昧な状況下で判断を求められることも多いため、管理職としての経験と力量が問われる

1 管理職の意思決定能力は極めて重要

　管理職に求められる能力の中でも「意思決定能力」は最も基本的で重要なものである。なぜなら組織を取り巻く状況は刻々と変化しており、意思決定が遅れると取り返しのつかない損失を組織に与えることになるからだ。優柔不断な管理職は不要である。

　ただし、単に意思決定すればよいというものでもない。意思決定の"質"が問われる。つまり、状況を冷静に分析して、できるだけ合理的に意思決定しなければならないということだ。拙速な判断や思慮の浅い決断は、組織活動の効率性と効果性を逆に低下させてしまう恐れがある。

　意思決定には、「定型的な意思決定」と「非定型的な意思決定」の二つがある。定型的な意思決定は、問題の対処方法が決められていて、現場の担当者がマニュアル的に判断すればよいものである。一方、非定型的な意思決定は、対処方法が確立されておらず、独自の解決策を考えなければならないものである。

　管理職は、基本的に非定型的な意思決定を手掛けることが多い。非定型的な意思決定を行う場合、現場の情報が不十分なことが多く、管理職といえども、合理的に判断することが困難である。これを「限定

■ 二つの意思決定

された合理性」（Bounded Rationality）※というが、合理的に考え、行動しようとしても、情報が限定されている中では適切な判断ができないため、自ずと限界があるということである。

※ノーベル経済学賞受賞者 H.A. サイモンが提唱した経済的意思決定の原理

2　意思決定では、管理職の力量が問われる

　非定型的な意思決定の場合、情報が限られていることもあり、管理職の主観的な判断とならざるを得ない。そのため、同じ問題に対する意思決定であっても、管理職によって大きな差が生じる。「意思決定では、管理職の力量が問われる」といわれるゆえんである。

　管理職の意思決定は、経験則に頼らざるを得ない。つまり、過去の類似した対応方法や行動などを参考にしながら、判断をしていくのである。管理職は経験を積むことで、より管理職らしい判断ができるようになる。一方、経験に頼りすぎることで自信過剰バイアス（自分の能力や価値を高めに評価すること）が働き、判断を誤る可能性もある。

4 大所高所から次の一手を先読みする

- 将来を先読みし、問題が発生する前に対処行動が取れるプロアクティブな管理職が求められている
- プロアクティブな管理職になるには、将来に対する仮説を持って、普段から時代の先を読む意識を持つことが必要だ

1　プロアクティブな管理職は、先見力と行動力がある

　管理職には、プロアクティブ（proactive）に行動することが求められている。プロアクティブとは、将来起きることを予測し、対応を先取りして行動する態度をいう。ポイントは次の一手を先読みして行動するという点だ。単に自ら考え・自ら行動する自律的な人材であるだけではない。「先見力」が必要ということだ。
　プロアクティブの反対がリアクティブ（reactive）である。リアクティブな人は、決して自分から行動を起こさない。問題が発生してから仕方なく行動を起こすのだ。後手後手の対応が習慣になっている。
　管理職であれば、プロアクティブな行動が取れないと困る。問題が発生してから事後的に対応することと、問題が発生する前に先手を打って対処するのとでは大差がある。
　リアクティブな人の中には、将来起きるであろう問題を認識できている者もいる。頭では分かっていても実践できないタイプの管理職は、この範疇に入る。

■ プロアクティブとリアクティブ

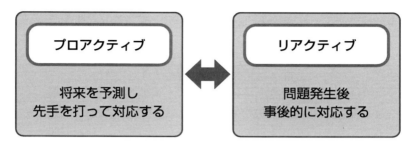

2　プロアクティブな管理職になるには

　プロアクティブな管理職は、その行動が習慣化されている者が多い。例えば、会議に参加する場合も、リアクティブな管理職は何の準備もせずに（ひどい場合は筆記用具も持たずに）席に着くだろう。しかし、プロアクティブな管理職は、テーマから自分で事前に情報を探索し、自分なりの仮説を立てて会議に臨むはずだ。このようにプロアクティブな管理職は情報探索行動が習慣化しているので、先見力の基礎が形成されている。

　先見力を発揮するには「創造性」も必要である。見えない問題を見るためには、現状の延長線上の発想だけでは難しい。「5年後、このビジネスモデルはどうなっているのか」「人工知能が発達すると、現状の競争環境はどう変化するのか」といった将来に対する仮説を持って、普段から時代の先を読む意識を持つことが必要だ。

　また、即座に対処行動を取れるようにするには、実践と成功体験を積み重ねることで自己効力感（自分にはできる能力があるのだという自覚）を高め、無気力な態度を改めなければならない。

5 育成視点で部下のモチベーションを喚起する

- ●部下の成長には、「職務遂行能力の伸長」と「精神面での成長」の二つがある。部下の成長の支援は、上司の重要な仕事である
- ●部下の成長には、上司の部下に対する見方が重要となる。部下の成長可能性を信じると、部下は期待に応えようと努力する

1 育成視点を持つということ

　管理職の重要な仕事の一つに、部下の育成がある。部下の育成を「上司が主体で部下は上司の指導を受ける客体」という誤ったイメージで捉えてはいけない。最近では「部下の成長の支援」と言うことが多い。

　部下の成長には二つある。一つは「職務遂行能力の伸長」である。OJTを中心とした職場での業務経験を通じて習熟し、熟達者となっていく。もう一つは「精神面での成長」である。技能の習熟とは異なり、成長を実感できることは少ないが、精神面で成長することで、過去を振り返ったときに「ずいぶんものの見方が広がったなあ」「落ち着いて判断できるようになったなあ」「昔ほど、人とぶつかることがなくなったなあ」と実感することができる。

　部下の成長を支援することで、部下が次世代の管理職や専門職となり、会社を発展させていくと考えれば、上司としての育成視点も変わっていくはずである。

■ 部下の成長の２側面

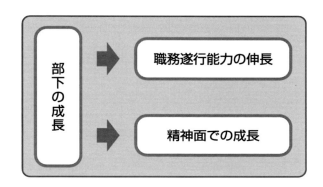

2　上司の期待の高さと部下の成長は比例する

　部下を成長させるには、上司の部下に対する見方が重要となる。部下のことを「地頭が悪いから教えても無駄だ」と考えていると、それが上司の部下に対する行動にも反映され、部下は上司からできない人間として扱われることで、ますます自信を失っていく。逆に上司が部下のことを「今は未熟だが、伸びしろがあるので成長できる」と見ていると、部下もその期待に応えようと努力するようになる。

　人間の知能は生まれつきで決まり、その後どれだけ経験や学習を積もうが、知能が向上することはないという知能観を「固定的知能観」という。上司が固定的知能観で部下を見ていると、部下も固定的知能観に染まり、諦めて努力しなくなる。逆に、人間の知能は経験や学習によって持続的に高まり、能力も本人の自助努力によって、さらに伸ばすことが可能という知能観を「拡張的知能観」という。拡張的知能観を持つ上司の下で働く部下は、自らも拡張的知能観を持つようになり、前向きに努力を続け成長していく。

　部下指導における上司の責任は大きいと言わざるを得ない。

6 粘り強い行動で問題解決に導く

- 問題解決には時間がかかり、地味な作業の連続である。そのため問題解決を行う管理職には粘り強さが求められる
- 問題解決には定石ともいうべき方法論がある。問題を特定し、解決策を導くロジカルな思考が必要である

1　管理職の仕事の本質は問題解決である

　管理職の仕事は、自部署の計画立案から部下指導、日常のトラブル処理まで幅広いが、すべてが何らかの問題解決行動と捉えられる。例えば、計画立案は自部署の組織目標と現状とのギャップ、つまり問題を解消するための取り組みである。部下指導は、あるべき部下の姿と現状とのギャップを埋めるための指導であり、トラブル処理は、まさに問題解決行動そのものである。

　問題解決には時間がかかり、地味な作業でもある。状況を明らかにするだけでも、現場に足を運び多くの関係者と会い、部下の話を聞き、膨大な資料に目を通さなければならない。管理職の仕事は判断業務と考えている方もいるが、稟議書に決裁印を押すだけで管理職の仕事は終わらない。やりがいがあるものの、その実態は地道な作業・取り組みの連続である。そのため管理職に必要な性格特性として、持久力やバイタリティ（粘り強さ）を上げる人事担当者も多い。管理職が愚痴や泣き言を言い出すと、組織全体の士気が低下し、志のあるメンバーが組織から離れていってしまう。

■ 問題解決のステップ

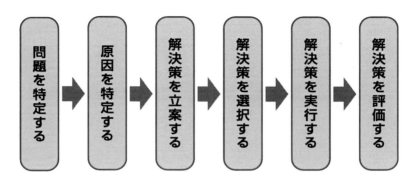

2　問題解決には問題解決のステップがある

　問題解決には定石ともいえるステップがある。基本的には以下のようなステップで問題を捉えていくことで、適切な解決策が見いだされる。
　問題解決の最初のステップは、問題を特定することだ。これは、あるべき姿と現状とのギャップを、問題として抽出するプロセスである。ここでは管理職としての問題発見能力が問われる。次に問題の原因を特定する。ここでは多角的な分析力が問われる。原因が特定したら、解決策の立案ステップに進む。ここでは企画力や創造力が必要となる。その次にくるのが、解決策を選択するステップだ。解決策は一つではないため、複数の解決策を比較しながら最適な解決策を選択する。管理者としての判断力が生かされるのは、このステップである。
　実務的には、この後に問題解決策の実行、問題解決策の評価というステップが続く。問題解決には論理的思考力が必要だが、それ以上に粘り強い行動が不可欠であることは言うまでもない。

7 管理職とは、管理職に必要な能力要件とは

- 管理職とは管理機能（計画・組織化・指揮・統制）を果たす人で、幅広い能力が求められる
- 管理機能とはPDCAマネジメントサイクル（Plan → Do → Check → Act）の原型である

1 管理（職）の機能は四つある

　管理職は何をする人かと問われた場合、管理機能（マネジメント機能）を果たす人と考えると分かりやすい。管理機能については、アンリ・ファヨールによる古典的な五つの分類（計画・組織化・指揮・調整・統制）が有名である。しかし、最近は（計画・組織化・指揮・統制）の四つで説明されることが多いので、ここでもこの4分類で解説する。

　「計画」とは、組織目標の達成に至る道筋を描くもので、組織活動をどのように進めていくかというプランだ。人・もの・金・情報といった経営資源を、計画によって効率的に配分する。計画があるからこそ、従業員の行動も、その実現に向けて集約させることができる。「組織化」とは、メンバーに仕事と役割を与え、指揮命令系統を整備し、集団としてのまとまりを与えることである。「指揮」は、管理職がメンバーを動機づけ、作業を指示し、組織成果の実現を図ることである。「統制」は組織目標が達成できるように、組織活動をチェックして軌道修正を行うことである。

　管理機能は以上のとおり計画・組織化・指揮・統制からなるが、この管理機能が原型となってPDCAのマネジメントサイクルができた

■ 管理機能（マネジメント機能）

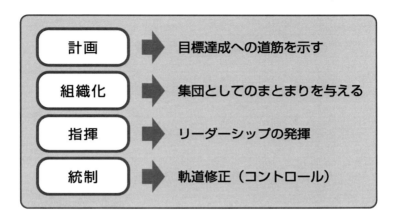

といわれている。ちなみにＰＤＣＡとは、「Plan（計画）→ Do（実行）→ Check（評価）→ Act（改善）」である。

2　管理職に求められる能力要件は幅広い

　管理職とは管理機能を果たす人であるが、その能力要件は幅広い。重要視される能力も、企業や時代によって変わってくる。例えば、改善活動を重視する企業であれば、問題発見力や要点把握力、問題解決力が求められるだろう。また、成果を厳しく追求する昨今であればコントロール（統制）能力が弱いと管理職は務まらない。

　グローバル化が進むこれからの時代の管理職は、自主独立（自律性）がある程度強くなければ社会に打ち負けてしまう懸念がある。従来の日本企業であれば、自主独立があまり強いと、自己主張だけが強く自分勝手な人材という評価しか得られなかったが、これからはそんなことも言っていられない。

② 組織を動かし、業務を遂行する

8 ビジョンと目標を示し、組織を動かす

- ●リーダーは、部下をワクワクさせる「ビジョン」を示したい。ビジョンは視覚的にイメージでき、文章化されている必要がある
- ●組織を動かすには、ビジョンだけでは足りない。ビジョンを実現するための具体的な目標が必要である

1 ビジョンを示す・ビジョンを語る

　リーダーは、組織としての成果を上げ続けなければならない。そのため、多くの仕事を部下に割り振り、進捗を確認し、成果を出していない部下がいれば介入し指導を行う必要がある。まさに獅子奮迅の働きが期待されている。しかし部下は、与えられた仕事に意味を見いだせず、やりがいを感じずに毎日を送っているのかもしれない。「今の仕事をこのまま続けることに何の意味があるのか」。もし部下が、そのような気持ちになっていたら、間違いなく職場の雰囲気は沈滞し、組織の生産性は低下するだろう。

　人は夢がなければ、自分自身を動機づけることはできない。それは仕事でも同じである。「つらいけど頑張ってくれよ。俺も頑張るからさあ」では部下はついて来ない。管理職はビジョンを示し、ビジョンを語らなければならない。ビジョンは、以下の三つの要件を満たす必要がある。

① 部下を奮い立たせるだけの魅力があること。ワクワクするものでなければならない
② ビジョンは（夢や望みといった）形がないものなので、視覚化できること。「将来はこういう状態になっている」というイメージがリア

■ビジョンの3要件

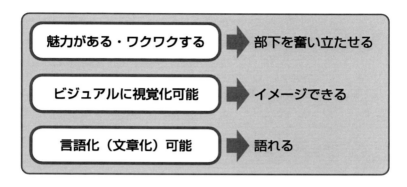

ルに浮かんでこなければ、部下はそのビジョンに引き寄せられない
③部下に語れる、つまり文章化（言語化）されていること。ビジョンは、
「……している」という状態で表現すると伝わりやすい

2　夢だけでは組織は動かない

　ビジョンは夢の実現に向けて、部下の行動を動機づけるものであるが、それだけでは組織は動かない。ビジョンを実現するための、具体的な目標が必要である。例えば、「〇年後にはインターネット経由でさばききれないほど注文が舞い込んで、みんなで大騒ぎしている」というビジョンを掲げた場合、一時的に部下の気分は高揚するが、「でも、どうやって実現するの？」と冷静になった瞬間、気持ちがトーンダウンしてしまう。ビジョンに近づくための、現段階での現実的な到達目標が必要となるのだ。例えば、「上期中にECサイトを立ち上げる」「本年度中に、取扱商品点数を3倍にする」といった当面の目標の提示が不可欠である。

9 目標・方針・目的・計画を示し、部下を導く

- ●「目標」は組織として期待される成果を示し、「方針」は目標を達成するための意思決定基準を提供する
- ●目標を達成するには「目的」を部下に説明し、さらに手順・方法・プロセスを「計画」に落とし込むことが不可欠となる

1　目標と方針をセットで示す

「目標」とは組織として期待される成果である。「方針」とは目標を達成するための手順や方法、優先順位などの判断基準（意思決定基準）である。目標と方針はセットで示さなければ、部下は方向性を見失う。地図上のゴールだけを示してコンパス（方位磁石）を渡さなければ、目標地点に到達できないのと同じである。目標と方針は、組織活動の方向性を示すと同時に、どれだけ目標を達成すればよいか、組織活動の成果を測る基準ともなり得る。

経営者が設定する企業目標をブレークダウンする形で、部門目標を設定する。同様に、部門目標をブレークダウンして下位組織の目標を決めていく。つまり、目標は最上位の企業目標から順次、下位組織にブレークダウンされ、最終的には個々の従業員の目標と結び付くのだ。下位組織の目標が上位組織の目標とリンクしている点が重要で、下位組織の目標は上位組織の目標達成のための手段となっていることが求められる。

なお、人事評価のツールとして使われる目標管理制度の目標も、基本的には企業目標からブレークダウンされたものとなるべきだが、従業員の参加意欲とモチベーションアップのために、上司と部下が相互

■ 目標・方針・目的・計画

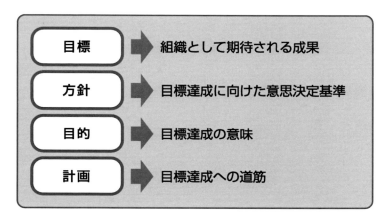

に話し合って合意した結果を目標とする場合もある。

2 組織活動の目的を示す

　目標と方針を上司が明確に示しても、部下が納得しないと実行されない。何のために目標を達成しなければならないのかという「目的」を、方針の背景事情なども含めて部下に説明することが不可欠となる。部下は自分が担当している仕事の意味を知ることで、初めて仕事の価値を実感できる。自分の仕事に価値があると思えば、前向きに仕事に取り組めるものだ。

　目標は「何をするのか」を示し、方針は「何によって目標を達成するのか」を表す。しかし、「どういう道筋で目標を達成するのか」というシナリオがなければ、目標達成はおぼつかない。そこで計画が必要となる。「目標」「方針」「目的」「計画」の4セットが、組織活動には必要なのである。

10 計画を立て、仕事を割り振る

- 計画は実施項目ごとに「いつ」「何を」「どのように」「誰が」を設定し、「いつまでに」という期限を設けてスケジュール化する
- 現状を確認し、目標達成までになすべきことを明確化する。無理な計画は破綻するので、妥当性の検証も必要だ

1 計画を立てることで組織目標が実現する

　自部署に与えられた組織目標を達成するには、管理職が思いつきで行動し、その場限りの指示を部下に与えているだけでは成果は上がらない。当面の組織活動のゴールである目標に向かって、「いつ」「何を」「どのように」行うかというプランニングが不可欠となる。計画策定に必要なものは、「目標」とそれを達成するための「手段・方法」、そして「時間軸」である。これらを構成要素として、目標達成に至る道筋を描く。つまり、計画を立てることは、目標達成に向けた戦略を策定することにほかならない。

　計画は、マネジメントの四つの機能（計画・組織化・指揮・統制）の最初のプロセスである。組織活動のグランドデザインをどう描くかで、その後の組織活動の成果が決まる。もちろん、その後の環境変化で計画の見直しが迫られることもある。しかし、計画がなければ目標は絵に描いた餅と同じで、決して実現されることはない。

　計画を書面化して部下が見えるようにしておくことで、メンバーの意識や行動を合わせることができ、それぞれの協調行動を引き出すことも可能となる。

■計画の構成要素

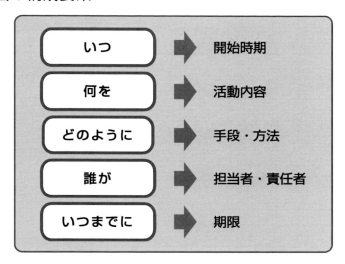

2　担当者と責任者を決め、期限を切る

　計画は、「いつ」「何を」「どのように」に加え、「誰が」「いつまでに（期限）」を設定しなければ実行できない。計画の実施項目ごとに担当者と責任者を決定し、期限を設けてスケジュールに落とし込むことで、実行計画が出来上がる。小さな組織であれば、責任者は管理職自身となる。

　また、計画を立てる際には現状がどうなっているのかを考慮しなければいけない。現状が変われば、目標到達までになすべきことが変わる。そのため、現状を正確に認識した上で、担当者の力量を踏まえて計画を立てるとよい。計画の妥当性の検証も必要で、安易な計画の先送りはよろしくないが、最初から破綻することが分かっている計画は立てるべきではない。また、計画がスタートしても状況は刻々と変わっていくので、部下個々人の進捗状況の確認は不可欠である。大き過ぎる実施項目は細分化して、管理可能なレベルに落としておくことも重要だ。

11 業務の全体像を把握し、仕事のデザインを行う

- 業務を洗い出して、自部署の業務の全体像を把握することで、無駄な業務や非効率な仕事の流れが明確になる
- 業務をスムーズに遂行するには、仕事を取り巻くステークホルダー（前工程、後工程の利害関係者）も意識しておく

1　仕事の工程、全体像を把握することが第一

　業務を効率化するには、自部署の業務にはどのようなものがあり、それがどのような流れで処理されているのか、他部署の業務とどのような関係（順序関係・拮抗関係など）にあるのかを把握しておくことが前提となる。その上で無駄な業務を廃止し、最短・最速で業務が進むよう、業務の流れを整理するとよい。

　少し手間がかかるが、自部署の業務を業務項目ごとに作業レベル（アクティビティという）で書き出してみるとよい。例えば、給与計算業務であれば、「転職者のマイナンバーの取得」が一つの作業となる。そして、作業ごとに必要時間と頻度（毎日、週1回など）を記載すると、担当者ごとにどういう仕事をしていて、どれだけ業務処理の負荷（時間）がかかっているかが分かる。

　いくつかのアクティビティをまとめ、大くくりにしたものを「ワークパッケージ」と呼ぶ。先ほどの例では、「転職者の属性情報の入手と入力」がワークパッケージである。ワークパッケージを業務の流れに沿って並べてみることで、業務フローの妥当性が判断できる。できればホワイトボードに付箋とマーカーを使って描いてみるとよい。

　業務構造が視覚的に把握できると、この仕事とこの仕事はまとめた

■ 業務の全体像の把握

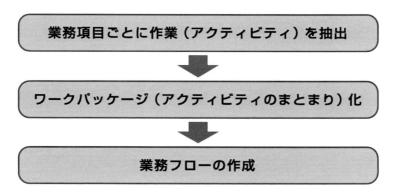

ほうがよいとか、他部署と交渉して業務フローを見直そうというアイデアも出てくる。

2 ステークホルダーを意識し、仕事の流れをコントロールする

　自部署が担っている業務の前工程・後工程の部署など、仕事を取り巻くステークホルダー（利害関係者）も意識しておきたい。なぜなら、業務をスムーズに遂行するにはステークホルダーとの調整が必要となるからだ。多くの場合、部署間の問題は部下同士で生じる。その段階で解決できない場合は、上司を通じて相手方の上司と交渉することになる。組織のルール違反となるため、部下がいきなり相手方の上司と交渉することはない。

　現場のマネジメントを担うあなたが、他部署の管理職と交渉する場合に主導権を握るためには、部下同士で問題となった時点で部下から情報を入手し、先手を打って対応策を考えておくとよい。複数の選択肢をあらかじめ持って交渉することで、相手方の管理職に一方的に押し切られるのを避けることができる。

12 業務を見える化し、仕事のヌケ・モレを防止する

- 業務の見える化とは、ブラックボックス化した業務を誰もが視認できるようにすることで、ヌケ・モレを防止する
- 業務の見える化だけでは業務の進捗管理はできない。何らかのモニタリングの仕組みが必要

1 業務を外在化させて、仕事のヌケ・モレをチェックする

　定型的で仕事の進め方が明確になっているルーチン業務（いつもの仕事）ではなく、組織目標の達成のための活動など、何らかのミッションを与えられ、プロジェクトとして活動しなければならない場合、どうしても仕事のヌケ・モレが発生してしまう。メンバーで共同作業をする場合にも、役割分担が不明瞭なために、誰も手をつけない作業が残ったりすることもある（社会的手抜き＝リンゲルマン効果）。

　業務の見える化とは、ブラックボックス化した業務を誰もが視認できるようにすることだが、ポイントは「外在化」と「モニタリング」にある。「外在化」とは、すべての業務を誰もが確認できるようにすることをいう。プロジェクトであれば、プロジェクトの進行段階（フェーズ）に沿って必要な業務を洗い出すことがこれに当たる。例えば「取引先の拡大」というミッションを与えられてプロジェクトを推進するなら、最初のフェーズは「現状の確認と分析」となる。さらに、一つのフェーズの中の業務を細分化し、作業項目（仕事としてのまとまり）を洗い出す。「既存顧客の属性分析」などが作業項目となるだろう。

　プロジェクトを遂行する上で必要と思われる作業項目を洗い出したら、上司や同僚とディスカッションしながらヌケ・モレをチェックす

■業務の見える化

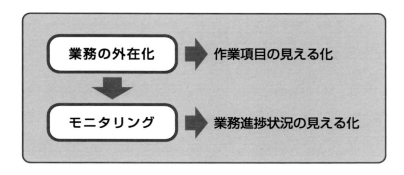

る。最終的にはスケジュール化されたチャート（図表）としてまとめればよい。

2　進捗確認のためのモニタリングの仕組みを取り入れる

　業務が外在化され、誰もが視認できるようになっても「見える化」が完了したとはいえない。プロジェクトを取り巻く状況は日々変わるため、それを作業内容に反映させる必要がある。作業内容に変更がなくとも、当初の計画と比べて進捗が遅れることもある。そういった情報も「見える化」しておく必要がある。この作業のことを「モニタリング」という。

　例えば、チーム作業であればミーティングを定期的に開いて作業状況を報告させることも、モニタリングの一つである。個人作業であれば日報を提出させるのも手である。

　しかし「見える化」という仕組みを導入したとしても、本人が見せたくないものをどのように外在化させて、メンバーでどう共有するかという問題は残る。これには、組織風土をオープンにしていく取り組みを続けていくしかない。

13 リスクを想定し、対策を講じる

- どのような業務にも、計画どおりにいかないリスクが伴う。リスクはある程度変動幅を持って捉える
- リスクを回避することは難しいが、リスクを想定して対応策を準備しておくことはできる

1 複雑な業務にはリスクが伴う

　部門計画を緻密に策定したとしても、外部環境の変化などで計画自体が頓挫し、大きな修正を余儀なくされることがある。どのような業務にも一定のリスクが存在するため、状況に応じて柔軟に対応することが管理職には求められる。リスクとは、「労災事故や災害といったアクシデントが起きる可能性」というように、発生の確率があらかじめある程度分かっているものをいう。管理職は業務にはリスクがあることを計算に入れて、常に対応策（代替措置）を準備しておく必要がある。

　「リスク」というと事前に想定できないイメージがあるが、ある程度変動幅を持って捉えられる概念である。つまり、多少のズレはすべてリスクの想定内といえる。「事業収益が10％マイナスとなった」というのも想定内のことである。もし経営者がその結果を想定外だったと思うなら、市場を読みきれていなかったということでプロ経営者としては失格である。

■リスクの想定の仕方

```
┌─────────────────────────────────┐
│  ┌───────────────────────────┐  │
│  │     過去の経験の活用      │  │
│  └───────────────────────────┘  │
│  ┌───────────────────────────┐  │
│  │     現状データの把握      │  │
│  └───────────────────────────┘  │
│  ┌───────────────────────────┐  │
│  │ メンバーとのディスカッション │  │
│  └───────────────────────────┘  │
└─────────────────────────────────┘
```

2　リスクに備える対策を事前に検討しておく

　リスクを想定するとは、あらゆる可能性を想定するということである。しかし、言うことは簡単だが実践するのは難しい。ある程度経験が必要である。特定の業務を長く担当していれば、何度か想定外の事象を経験することになる。そういった過去の経験を参考にしながら、現状認識のための情報をできるだけ入手して、リスクを想定する方法が現実的である。

　ただし、複雑な業務については、それだけ多くの要因が絡んでくるためリスクを読みきることは難しい。その場合、要因間の影響関係をホワイトボード上に矢印で描きながら、メンバー間でディスカッションを行い、全体としてどうなるかと将来予測をしてみるのが有効である。

　リスクを回避することは難しいが、リスクを想定した対応策を用意することはできる（リスクヘッジ）。現在の業務のリスクについて、普段から部下と話し合う機会を持つことで、ちょっとした外部環境の変化に気づき、リスクの予兆を捉えられる。早めに予兆を捉えられれば、余裕を持って対応策を準備することも可能となる。

14 上層部を動かし、他部署と連携する

- 自部署を成長させるためには、上層部への働き掛けなどの政治的な手腕が求められる
- 会社組織全体の中での自部署の位置づけを意識し、普段から社内人脈を通じて社内情報を収集しておく

1　管理職に必要な政治的スキル

　管理職に必要なスキルとして、コンセプチュアル・スキル（企画立案・問題解決などの概念化スキル）、ヒューマン・スキル（他者と協力して業務を遂行する対人関係構築スキル）、テクニカル・スキル（担当分野の知識・技能などの専門スキル）の三つは有名だが、最近では四つ目のスキルとしてポリティカル・スキル（社内を動かし影響力を行使する政治的スキル）が注目されている。

　上層部に働き掛けて社内的に重要な仕事を自部署の業務に取り込み、予算や人など限られた経営資源を部署間で奪い合う権力抗争に打ち勝つには、ヒューマン・スキルを超えた政治的な手腕が必要となる。上司のポリティカル・スキルは、部下も関心を持つ。なぜなら、上司の力量によって自分自身の出世が左右されるからだ。社内ポストの獲得には適材適所の人材配置だけでなく、政治力が大きく影響する。

　また、他部署との連携や交渉では、いろいろな駆け引きが必要になることもある。自分が思い描いている絵を実現させるには、社内の誰に話を持ち掛け、どの部署を味方につければいいかなど、組織感覚も持っていなければならない。

■ 管理職に必要なスキル

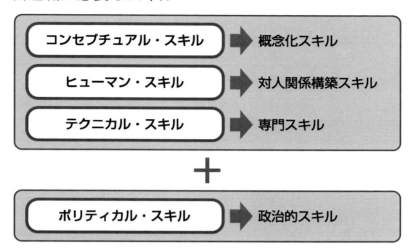

2　組織感覚を磨く

　組織感覚を磨くには、まず組織全体での自部署の位置づけを意識することが必要だ。業務の流れの中で、ある部署と他の部署がどのような関係性にあるのか利害関係を中心に分析することも、組織感覚を身に付けるには有効だろう。組織間の対立や葛藤、拮抗関係や協調関係を的確に見抜き、組織間の力関係がどうなっているかを観察するとよい。

　また、キーマンが誰であるかを見抜くことも重要だ。キーマンとは組織の意思決定に影響を与える者だが、公式のキーマン（例えば部門長）だけではなく、非公式のキーマンも存在する。社内では誰に意見を聞き、誰に報告がなされているのかを観察することでキーマンが分かる。プロジェクトを進める上で応援してくれる人、妨害に回る人が誰であるかを事前に理解しておくことも重要だ。普段から社内人脈を形成し、情報を集めるように心掛けたい。

15 緊張感を持続させ、達成感を分かち合う

- 仕事が個人作業化すると、業務遂行がブラックボックス化する。部下の緊張感が失われ、納期遅延などの懸念が高まる
- 仕事を個人作業とするのではなく、組織全体の業務と紐付けることが大切である

1　部下の仕事を取り巻く全体状況をフィードバックする

　仕事が個人に割り振られると、どうしても個人任せの仕事となり、業務遂行がブラックボックス化してしまう。いったんブラックボックス化すると、その仕事は本人にしか分からず、本人が自発的に進捗状況を報告しない限り、作業の遅れや成果物の品質低下は表面化しづらくなる。上司からのチェックがないと、部下も緊張感を持続させることが困難になり、気がついたら目標達成が絶望的になっている可能性もある。

　もちろん、上司から定期的に進捗状況を確認することも必要だが、多頻度に上司からチェックが入ると部下はやらされ感を覚え、仕事へのエネルギーが減退してしまう。そこで、仕事のチェックだけではなく、業務全体での位置づけや、部下に依頼した仕事を取り巻く前後工程の進捗状況についてもフィードバックするとよい。

　例えば、部下の仕事に対する社内の期待や評価を伝える。社内に与える影響や誰が部下のアウトプットを期待しているかなど、具体的な当事者の発言とともに伝えると、部下の動機づけになる。また、関連する業務を担当している者の作業の進捗状況や、部下のアウトプットを利用する部署の準備状況もこまめに報告することで、緊張感を持っ

■ 個人作業化させないポイント

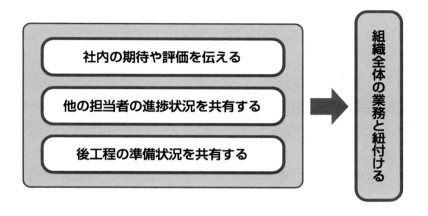

て仕事に臨むようになる。以上のように、仕事を個人作業とするのではなく、組織全体の業務と紐付けることが大切である。

2　組織として達成感を分かち合う

　部下の仕事が完了した場合は、感謝とねぎらいの言葉をかけた上で客観的に評価する。見え透いたお世辞は不要である。また、上司の好き嫌いで評価してもいけない。上司が自分の好き嫌いで評価すると、上司が気に入るか否かが部下の仕事の評価軸となり、上司の顔色ばかりをうかがい、仕事そのものに気持ちを集中できなくなる。

　成果に対する社内での評価もフィードバックすると、部下はさらに達成感を得ることができる。部下の個人的な達成感で終わらせず、組織全体として評価し、達成感を分かち合うとよい。

3

業務を管理し、
成果を上げる

16 仕事管理の基本はPDCA

- "イケイケ・ドンドン型"の管理職や、慎重になり過ぎて実行力が伴わない管理職は、自らのPDCAを見直すべきである
- PDCAは仕事管理の基本である。PDCAの各ステップをバランスよく回せるように心掛けたい

1 成果管理のマネジメントサイクルを回す

　何でもやりっぱなしで、同じ過ちを繰り返す者がいる一方、着実に成果を出し続けている者がいる。その違いは、「成果管理力」にある。成果を管理する上でPDCAマネジメントサイクルが有効である。【Plan（計画）→ Do（実行）→ Check（評価）→ Act（改善）】という一連の改善活動のプロセスを回すことで、成果を確実に上げることができる。
　とりわけ、部下の成果を管理する立場にある管理職は、PDCAを確実に回せなければならない。しかしながら、中にはPDCAができていない管理職もいる。仮説・検証型の思考が弱く、「D（実行）」と「A（改善）」を重視する"イケイケ・ドンドン型"の管理職は、間違った方向に進む危険性がある。また、「P（計画）」と「C（評価）」に過度にこだわる半面、実行力が伴わない管理職は計画倒れに終わる可能性が高い。つまり、PDCAはバランスよく回すことが大切なのだ。
　日常業務に追われているプレイング・マネジャーはどうしても「C（評価）」が弱くなり、軌道修正のアクションが遅れ、納期遅延や成果不良を発生させるリスクを抱えている。そのため、あらかじめ「C（評価）」を行う日を決めておき、定期的に進捗を確認するように心掛けたい。

■ＰＤＣＡマネジメントサイクル

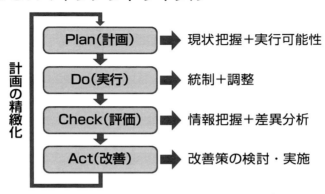

2　ＰＤＣＡの各ステップのポイントを理解する

「Ｐ（計画）」は、目標を達成するための方策と手段を設計し、担当者と期限を明確にした上で、スケジュール化することである。「Ｐ（計画）」のポイントは、現状把握と実行可能性にある。目標達成に向けて出発点である現状を正確に把握し、実現性の高い計画を立案したい。

「Ｄ（実行）」は、計画を遂行するステップである。計画時には想定していなかった事態が発生し、予想以上に時間やコストがかかることが実行段階で判明することも多い。そのため、「Ｄ」では「統制」（計画内に収まるようコントロールすること）と「調整」（人員数や作業工程を見直すこと）がポイントとなる。

「Ｃ（評価）」は、計画と実績との差異を確認し、差異の原因を分析（差異分析）するステップである。ポイントは実績情報の正確かつタイムリーな入手にある。

「Ａ（改善）」は、上記の差異分析に基づき、改善策を検討・実施する。なお、差異分析の結果を、次に回すマネジメントサイクルの「Ｐ（計画）」に反映させることで、ＰＤＣＡのさらなるレベルアップ（精緻化）につなげることが可能となる。

17 業務効率化のためのECRSの原則

- ホワイトカラーの生産性向上を考える際に、「ECRSの原則」が役に立つ。ムダな業務を排除して、仕事をシンプルに再設計するとよい
- 業務効率化は担当者の納得性も重要だ。効率最優先で進めるため、担当者のやる気が喪失することも多い

1 業務改善の着眼点

　ホワイトカラーの生産性向上のために、生産現場の改善手法を一般の業務改善に応用する企業も多い。ここではムリ・ムダ・ムラを解消し、業務効率を上げるための「ECRSの原則」を紹介する。ECRSとはE（排除：Eliminate）、C（結合：Combine）、R（置換：Rearrange）、S（簡素化：Simplify）の四つのことで、E→C→R→Sの順番に業務改善を検討する。

　業務改善のファーストステップは、ムダやダブリの排除（E）である。「その作業は何のために必要なのか」「その資料をなくすことはできないか」といった視点で、業務を一つひとつ洗い出して、必要性が低い仕事や重複業務を工程から排除することを検討する。次いで、複数の業務を一つにまとめられないか、1人の担当者に集約することはできないかを検討する（C）。同じ内容の複数の資料を一つにまとめるだけでも効率が上がる。また、作業工程を入れ替える（R）ことも有効である。前後工程の作業内容を踏まえて、最適な順番で作業を行うことで効率化を図る。

　最終的には簡素化（S）を検討する。今までのやり方をより単純な方法に置き換えることで効率化を図るのだ。手作業を自動化する、コ

■ ECRSの原則

ミュニケーション手段をIT化するなど、メンバーを集めてアイデアを出すとよい。

2　ECRSの進め方

　業務改善を進める前提として、まずはどのような業務が存在しているかを洗い出す作業を行う。いわゆる業務の棚卸しである。担当者別にルーティン業務をリストアップするときに、毎日行っている日単位の業務、週単位で行う業務、月単位で発生する業務、1年単位で発生する業務（年末調整など）に分けて洗い出すとヌケがなくなる。それぞれ所要時間と頻度（1カ月に3回発生するなど）、業務の利用者・利用目的を記載した表にまとめると分かりやすい。

　業務によっては担当者だけで完結せず、他のメンバーや他部署と連携して進めるものもある。その場合は、関係者で集まって業務改善を検討すると効果が出やすく、納得性も高まる。業務改善案がまとまれば、業務フロー図を描いて有効性を検証しておく。業務を集約した結果、逆にリードタイムが長くなり、効率が悪くなることもあるからだ。

18 課題を焦点化し、仕事の優先順位をつける

- 現状を把握する際に、商品別・市場別など分析項目を細かく分けて考察すると重要な問題が発見しやすい
- 対処すべき重要な問題は重要度・緊急度の軸で、優先課題は効果性・効率性・実現可能性の軸で設定するとよい

1 効果性を高めるPlan（計画）の重要性

　PDCAマネジメントサイクル（16参照）で最も重要なステップは「P（計画）」である。「C（評価）」が不十分な管理職が多いので、「C」が最重要という意見もあるが、課題を焦点化して効果性を高めるには、「P（計画）」が決定的に重要となる。課題とは、目標（あるべき姿）と現状とのギャップ（これを問題という）をどのような手段・方法で解決するかという具体的な方途のことである。これには長期的な課題と短期的な課題がある。例えば、「売上目標の未達成」が問題とすると、新規顧客の開拓や既存顧客の深耕などの戦略が長期的な課題となり、営業員の増強や訪問件数の増加など戦術的なものが短期的な課題となる。

　「P（計画）」では、問題を細分化して現状把握することが重要だ。グロス（総計）で問題を捉え、総論で議論していては課題を焦点化できない。商品別・市場別・顧客別・営業員別など分析項目を細かく分けた上で、問題への影響度が大きい項目をピックアップする。さらに、項目ごとにデータの推移を確認し、対策の方向性を確認しておくことも「P（計画）」の重要な作業である。

　「P」は「計画」であるという意識が強いと、すぐに「いつやるか」

■ 問題・課題・解決策の優先順位づけ

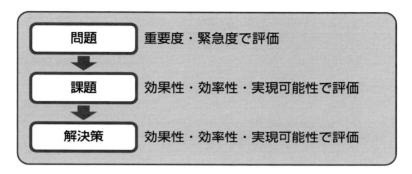

というスケジューリングに走ってしまう人がいる。しかし、「P（計画）」では問題の本質を明らかにし、問題解決につながる優先課題を抽出することに意識を傾けるべきである。

2　優先課題に対する解決策を検討する

　「P（計画）」では問題の現状把握を踏まえて、対処すべき重要な問題を決め、取り組むべき優先課題を設定する。その際に重要度・緊急度の軸で対処すべき「問題」を選定するとよい。例えば、データの推移を確認し、影響度が大きく、さらに拡大する恐れも強い問題は、優先的に対処しなければならないだろう。

　対処すべき問題を決めてから、その問題に対する取り組むべき「課題」を決める。課題は効果性・効率性・実現可能性の軸で優先度を決定する。課題が複数ある場合は、どの課題から取り組むべきかを検討しなければならない。

　優先課題が決まれば、後は解決策の案出しをするだけだ。解決策は一つではない。したがって、解決策も優先課題を抽出する場合と同様に、効果性・効率性・実現可能性の軸で評価して絞り込む必要がある。

19 段取りが仕事の効率を左右する

- 仕事の効率を左右するのは「段取り」である。段取りに時間を割くことで、重要性が低い仕事を排除でき、本来の業務に集中できる
- 段取りは、後工程の作業内容を意識しながら、前工程でどのような作業や準備をしておくとよいかを考えるとうまくいく

1　効率性を左右する段取りの重要性

　ＰＤＣＡマネジメントサイクル（ 16 参照）の「Ｄ（実行）」は、「Ｐ（計画）」で検討した課題解決策を具体的に展開していくプロセスである。合理的な手順を定めないでやみくもに「Ｄ（実行）」を行うと、狙った目標が達成できないだけでなく、仕事の効率も悪化する。そこで、「段取り」（仕事の手順を決め、必要事項を準備すること）が大切となる。また、「Ｄ（実行）」は個人作業に依存する部分が多いので注意が必要だ。部下の段取りを確認しないで仕事を任せてしまうと、部下の仕事プロセスがブラックボックス化し、上司の統制も利かなくなる。

　まずは、遂行すべき仕事の内容を書き出すとよい。項目ごとに作業リストを作成するのである。リストアップした作業ごとに作業時間を見積もり、無理のない全体スケジュールを作成する。その際、作業工程間のフロー（流れや前後関係）を意識すると段取りがうまくいく。「前工程の作業の成果物が、後工程の成果物にどのように結び付いているのか」「後工程の作業を効率的に行うには、前工程でどのような作業をしておく必要があるのか」などを考えながらスケジュールを組んでいく。「Ｐ（計画）」は「何をするか（What）」に力点があり、「Ｄ（実行）」は「いつ（When）」「どのように（How）」に力点が置かれる。「Ｄ（実

■ 優先順位の判断マトリックス

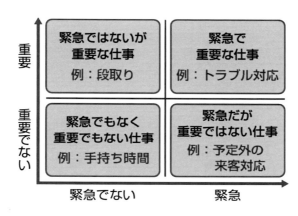

行)」とは「計画に基づいて行動していくプロセス」と考えると理解しやすい。

2　段取りは仕事を速く、正確に遂行するために行う

　仕事のスピードアップのためには、必要性の低い作業を極力排除することが大切である。重要度と緊急度のマトリックスで、仕事の優先度を判断する人も多い。上記［図表］の「緊急ではないが重要な仕事」とは、品質改善など将来への布石となるような仕事が該当するが、段取りもこの象限に入る。段取りをおろそかにすると、トラブル対応や締め切り間近の仕事など「緊急で重要な仕事」が多くなり、目先の業務への対応に追われることとなる。結果的に納期遅延や達成水準が低下する。

　段取りを考えて仕事をすることで、作業の手待ち時間など「緊急でもなく重要でもない仕事」を減らすことが可能となる。予定外の来訪者対応、無意味な資料作成など「緊急だが重要ではない仕事」も、段取りをきちんとしていれば事前対応で削減することが可能だ。

20 やるべきことを マイルストーンで管理する

- 計画が予定どおりに進捗することはまずない。常に進捗状況をモニタリングして、統制と調整を行う必要がある
- マイルストーン管理を導入し、一定期日ごとに進捗状況を確認するのも有益である。進捗が遅れた場合のリカバリーも重要である

1 マイルストーン管理で進捗確認を確実に行う

　ＰＤＣＡマネジメントサイクル（16参照）の「Ｄ（実行）」で重要なことは、「統制（計画内に収まるようコントロールすること）」と「調整（人員数や作業工程を見直すこと）」である。実行計画を立てて業務を開始したとしても、予定どおりに進捗することはまずない。環境変化や方針変更などで、実行計画を見直さざるを得ないこともある。予想外の展開によって、業務遅延やコスト超過の恐れが生じることもある。そのため、常に「Ｄ（実行）」の進捗状況をモニタリングして、適宜、統制と調整を行う必要があるのだ。

　この統制と調整は、"大きな"ＰＤＣＡマネジメントサイクルの「Ｄ（実行）」というステップの中で、"小さな"ＰＤＣＡを回すというイメージで理解するとよい［図表］。ただし、常に進捗状況をモニタリングすることが現実的でないならば、「マイルストーン管理」を導入するとよい。マイルストーンとは、進捗を確認するために、スケジュールの途中に設定された期日のことである。マイルストーンの名称は、目標地点までの距離を知る手がかりとなる一里塚（路程標）に由来する。

　マイルストーンは一定期日で設けてもよいし、プロジェクトのフェーズ（段階）ごとに設けてもよい。マイルストーンは、中間目標地点（期

■ 大きなPDCAと小さなPDCA

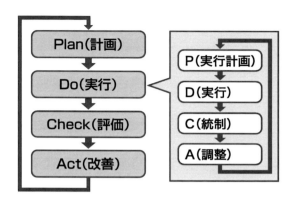

日）として位置づけられるので、それぞれの時点で達成すべき中間目標を設定し、現実の実績と照らし合わせて進捗状況を確認する。

2 計画遅延に対するリカバリーを考える

　立てた計画に対して遅れないようにすることは大切だが、遅れることを前提としてリカバリーを考えておくことのほうがより重要で、実践的である。

　リカバリー策にはいくつかの選択肢がある。まず、作業工程を見直す、他の業務を先送りするなどして、何とか時間をやりくりする方法だ。目標レベル自体を引き下げるという選択肢もあるが、この方法だと関係者の同意を得ることは難しい。ただし、目標レベルを引き下げても、本来の目的が達成できるのであれば一考に値する。目標レベルを維持することを前提とすると、達成期限を先送りするリスケジュール（リスケ）が現実的な対応となる。それも難しい場合は、スタッフを増員するしかないが、担当者間でのコミュニケーションロスが生じるため、一般的に効率は悪くなる。

21 報・連・相で必要な情報を把握する

- 「報・連・相」は必要な情報を入手するための手段である。情報共有が進むよう、その手順・方法を部下に具体的に指導しておく
- 上司が報・連・相を受けやすい雰囲気をつくることも欠かせない。ねぎらいや感謝の気持ちを伝えることも有効である

1 部下に報・連・相のやり方を指導する

「報・連・相（ホウレンソウ）」とは、上司と部下間のコミュニケーションの手段で、「報告」「連絡」「相談」の三つを指す。上司としては部下の日常業務を管理するために、情報共有が適切になされるよう、その方法を具体的に指導しておきたい。そのためにも、まず、「報・連・相」の目的を部下に説明する必要がある。

「報告」は現状を把握するために行う。仕事を取り巻く状況は現在進行形で刻々と変わる。状況が変化すれば、すぐに報告するように指導する。重要事項については状況変化がなくとも、「順調です」などの中間報告を入れるよう指示しておくとよい。報告は、簡潔かつ必要十分な内容となるよう５Ｗ１Ｈで整理させる。また、客観的事実と部下の意見・感想は分けて報告させる。ベテランの部下には、育成の観点から対応策も含めて求めていくことがポイントである。

「連絡」は、事実や結果を確認した後の情報共有のことで、上司が迅速かつ的確に判断を下すためには欠かせない。ポイントは、スピードと伝達の確実性である。それが分かっていない部下から「言付けしておきましたが、伝わっていませんでしたか？」「メールを出しましたが、ご覧になっていなかったのですか？」と言われるケースも多い。その

■ 報・連・相の目的

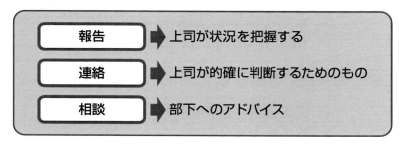

ため、重要事項に関しては、上司に伝わったことを確認して、初めて連絡が完了するということを、部下に認識させておく。良くない情報ほど早く連絡させることが必要だ。よく「バッドニュースファースト」と呼ばれることがあるが、それは連絡が遅れることで大きな影響が出るからである。

「相談」とは、部下の困りごとへのアドバイスを上司からもらうことである。ポイントはタイミングである。部下には、事態が深刻化する前に相談するように指導する必要がある。また、「何でも相談してくれ」とオープンに接することで、部下も「相談」という形で新規提案や事前調整を行いやすくなる。

2　報・連・相の受け方を工夫する

表情を曇らせないなど、上司が報・連・相を受けやすい雰囲気をつくることも欠かせない。報・連・相を行う明確な基準はないので、部下が気を利かせて報告をしてきたら、ささいなことでもねぎらいの言葉をかけるよう心掛けたい。必要があれば追加質問するなど、部下のさらなる報・連・相を誘発したい。相談に関しては、安易にハウツー（方法）を指示するのではなく、別の視点を提示して、部下に解決策を考えさせることも欠かせない。

22 成果を高める指示・命令の出し方

- 指示や命令を出す前に、上司として方針を示すことで、部下は指示された業務の目的と達成水準が理解できる
- 日常管理において成果を高めるには、組織統制と業務統制が不可欠となる。指示を出す一方、報告を求め、進捗を管理する

1　指示・命令を出す前に方針を示す

　方針とは、本来は「経営方針（目標・目的）」を指す。経営方針に基づき経営計画（中長期計画・年度計画）が立てられ、その計画を組織的に展開するために、下位の事業部門・部・課のレベルでさらに部署の方針と計画が立てられる。方針とは、このように経営方針を起点としてトップダウンで展開され、組織の末端にまで一気通貫に徹底する必要がある。これを「方針管理」という。一方、部署単位の方針に基づき、管理職が日常的に部下へ指示・命令を出すことを「日常管理」という。日常管理は方針管理を補完し、確実に成果を獲得していくためには欠かせないものである。

　日常管理とはいえ、部下への指示は明確でなければならない。どのようにでも解釈できる余地があるあいまいな指示では、判断に迷いが生まれ、部下は的確に行動できない。上司の「良きに計らえ」という指示も、言った本人は部下を信頼して任せていると考えているかもしれないが、部下からしてみれば「丸投げ」と思われても仕方ない。そこで指示を出す前に、上司は部下に方針を具体的に示す必要がある。方針を示すことで、指示した業務の目的（なぜ、その業務を遂行しないといけないのか）と達成水準（どこまでやればよいか）が明確に伝わり、

■ 方針管理と日常管理

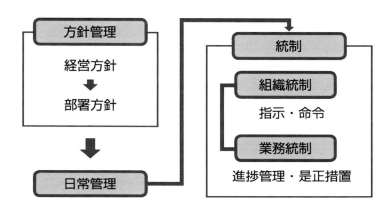

業務に関して上司と部下との目線合わせが可能になる。対処法を部下に一任する場合でも、最低限、上司は方針だけでも示す必要がある。

2　組織統制と業務統制が成果を左右する

　上司が方針を説明することで、部下の納得性は高まり、使命感を持って業務に取り組むようになる。ただし、成果を確実に導くには、さらに「統制」が必要となる。統制には、「組織統制」と「業務統制」がある。
　方針を示し、指示や命令によって組織や部下を自分の思っているとおりに動かすことを「組織統制」という。指示や命令に一貫性があり、ブレのないことがポイントだ。一方「業務統制」は、部下に報告を求めることで、業務が計画どおりに進捗しているかを確認することである。現場を回り、状況を把握し、業務遂行に障害が発生していないか目を光らせ、問題があれば即座に是正措置を講じることも業務統制である。組織統制と業務統制は、日常管理に欠かせないマネジメントである。

23 指示を出す前に、現場の状況を把握する

- やみくもに指示を出しても、成果は期待できない。まず現場の状況を把握することから始めたい
- 成果を求めるだけの組織統制には限界がある。組織課題の解消を進めながら、組織の効果性を高めていく取り組みが必要

1　現場状況を肌感覚で把握する

　現場の状況を考慮せず、その場限りの指示を出す管理職は、PDCAのP（計画）がなく、D（実行）だけで仕事をしているようなもので、部下から信頼は得られない。22 で触れたとおり、組織統制とは「指示や命令によって組織や部下を自分の思っているとおりに動かすこと」だが、現場の状況や動きとは無関係に、場当たり的に指示や命令を出すことではない。組織統制は、組織が置かれている状況を踏まえて行うべきものだ。

　組織が置かれている状況を把握するには、現場を回り、現場で何が起きているのか、優先的に対処すべき課題は何であるかを確認することから始めたい。漫然と机に座っていても現場の情報は入ってこない。部下が仕事をしている現場に入り込み、できるだけ生の情報や現場の空気に触れることが必要だ。

　「現場感覚」という言葉が実務で繰り返し使われるが、それだけ現場感覚を持って指示を行うことが重要なのである。営業部門であれば、顧客先への部下との同行訪問を定期的に行うことで、現場感覚を鈍らせずに済む。顧客とのやりとりの中で、顧客の課題や競合企業の動きなどを肌感覚でつかむことができるからだ。

■ 現場状況の把握と組織課題の解消

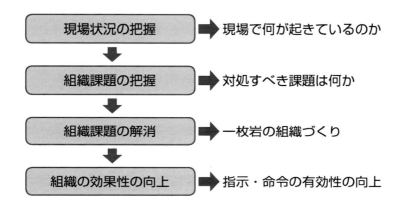

2 組織課題を解消し、組織の効果性を高める

　現場の状況を把握することで、同時に組織課題も明らかになる。組織課題とは、「メンバーのモチベーションが低下している」「重要ではない問題に時間を取られ、本質的な問題処理に遅れが生じている」など、組織に内在する諸課題のことである。

　組織統制を行う場合、往々にして組織課題が障害になることが多い。メンバーが反目し合っているなど、組織が一枚岩となっていないために指示や命令が十分に機能しないこともある。組織課題に目を向けず、成果を求めるだけの組織統制には限界がある。

　そこで、組織課題の解消を進めながら、組織の効果性を高めていく取り組みが必要になってくる。そのためには、上司が現場に下りていってメンバーと対話し、メンバーの本音に耳を傾け、考え方や気持ちを吸い上げながら、組織の有り様を変えていくのがよい。組織統制は、一方的に組織や部下を動かすというイメージが強いが、現場状況を踏まえた柔軟な対応も不可欠となる。

24 「やらされ感」を感じさせない指示の出し方

- 「やらされ感」は、不本意ながら仕事をやらざるを得なくなった場合に抱くもので、極めて主観的な感覚である
- 「やらされ感」を解消するには、仕事の意義や重要性を丁寧に説明し、部下が主体性を持てるように指示をするとよい

1 "自分ごと"ではないと思うから、やらされ感を抱く

　本人の考え方や気持ちとは関係なく「あれをやれ」「これをやれ」と一方的に命じられると、誰もが「やらされ感」を抱き、仕事に向かうエネルギーが弱まる。エネルギーが弱まると、閉塞感を招きやすくなり、ますますやらされ感が募ってしまう。「やらされ感」は、本来自分がやるべき仕事ではないにもかかわらず、不本意ながら、やらざるを得なくなった場合に抱く感覚で、極めて主観的なものである。主観的とは、まったく同じ仕事を指示されたとしても、本人の捉え方によって、やりがいを感じることもあれば、逆にやらされ感を抱くこともあるということだ。

　自分がやりがいを感じる仕事か否かは、客観的に定まるものではなく、本人の考え方や価値観に依存する。やらされ感を抱いている人は、与えられた仕事が、自分がやりがいを感じる仕事の価値基準に当てはまらない場合、無意識に「ばかばかしい」「やってられない」と心の中でつぶやいてしまっているのだ。この無意識のつぶやきが、やらされ感を引き起こす原因である。

■ やらされ感が生まれるプロセス

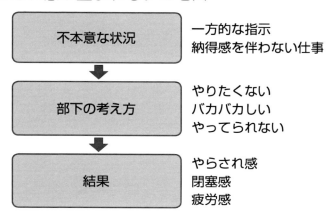

2　部下に主体性を持たせる指示の出し方

　やらされ感を解消するには、部下の仕事に対する価値基準を書き換えてあげればよい。例えば、部下に仕事を依頼する前に、仕事の意義や重要性をはじめ、なぜ他の人ではなく、その人が担当する必要があるのかを丁寧に説明する。そうすることで、部下にとっての仕事の価値は高まるはずである。

　また、指示の出し方も、部下に主体性を持たせるように工夫するとよい。例えば、一方的に「やれ」と命じるのではなく、「やってみないか」「やってもらえないか」と部下が選択できる余地のある表現にするとよい。部下は自分の意思で仕事を引き受けたと捉えられる。

　「もし君が担当するなら、どういう方法で仕事を進めるかな」と部下の主体性に働き掛けることも効果がある。部下は"自分ごと"として仕事を捉えて、前向きに取り組む可能性が高まるからである。「こういうことで困っているのだが」と部下に相談を持ちかける方法も、試してみる価値はある。部下が主体的に取り組める余地を作り出すことで、部下は仕事に対して強くコミットするはずだ。

25 仕事のマニュアル化で効率アップを図る

- 仕事の手順を標準化することで、特定の人に依存せず、合理的な作業手順を組織として共有することが可能
- マニュアル化は、PDCAサイクルを回すことで最適化された仕事のやり方や問題解決の方法を維持するためにも有効

1 仕事を標準化することで効率を上げる

　仕事の効率を上げるには、問題解決策や対応策を考える時間をできるだけ短縮することが大切だ。考える作業があると、そのために時間が取られるだけでなく、考える能力がある者しかその仕事を担えなくなるため、組織全体として生産性向上の効果は限定される。さらに、担当する者によって、その対応方法やレベルが変わると、組織活動としての品質も保てない。そこで、仕事は誰もが同じレベルでできるように、方法や進め方のコツを体系化して共有しなければならない。これを「標準化」という。標準化は特定の人に依存するのではなく、合理的な作業手順を組織として共有するところに意義がある。標準化することで「人に仕事をつける」のではなく、「仕事に人をつける」ことが可能になり、人員配置の柔軟性も高まる。

　仕事上のノウハウや知恵の多くは、言語化できない「暗黙知」である。しかし、暗黙知といえども、熟達者の仕事ぶりを観察したり、質問したり、一緒に作業をしてみることで、何らかのヒントが得られる。こういったヒントを言語化し、手順として整理することも標準化である。ノウハウを言語化（形式知化）することで、ノウハウのプロセスを分析し、より効果的な方法を検討したり、別のノウハウを組み入れたり

■ 暗黙知を形式知に変える

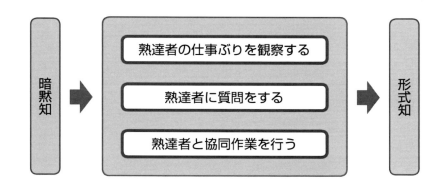

と、創意工夫の余地が高まってくる。

2 経験を次に生かすためにルール化、マニュアル化を進める

　マニュアル化は、PDCAサイクルを回すことで最適化された仕事のやり方や問題解決の方法を維持するためにも有効な手段である。人は、自分にとって楽なやり方に流される傾向がある。いったん確立したベストプラクティスであっても、維持できずに、いつの間にか元の状態に戻ってしまう事例は多い。作業手順や判断のプロセスをマニュアル化し、ルール化することで、元のノウハウをさらなる経験知の蓄積によって高度化できる。そのためにもマニュアルの改訂作業を怠らないことが重要だ。

　一方、マニュアル化にはリスクもある。マニュアルワークを繰り返す中で、マニュアルの前提条件や背景を忘れ、間違った運用をし、思わぬ事故やトラブルに結び付くことがあるからだ。そこで、マニュアル教育では、背景となる考え方をリアルな体験談も含めてきちんと説明しておくことが欠かせない。

4

複雑な問題に対処する

26 問題を見つけ、定義する

- 問題は「見つかるもの」ではなく、基準を設定して意識的に「見つけるもの」である
- 問題は、「あるべき姿と現状とのギャップ」として定義される。「あるべき姿」と現状に関する情報を収集する力と問題に気づく感性がリーダーには必要

1　問題は「見つかるもの」ではなく、「見つけるもの」

　問題は、それ単独では存在しない。何らかの基準が提示され、それとの比較の上で初めて問題と認識されるものである。例えば、収益率が低いことが問題となる場合は、収益率の目標値が設定されており、それとの比較をすることで初めて問題として認識される。このように、何らかの基準があり、それを現状と対比させることで問題は可視化される。

　つまり、問題は「見つかるもの」ではなく、基準を設定して意識的に「見つけるもの」だ。一般的に問題は「あるべき姿と現状とのギャップ」として定義される。この「あるべき姿」をどこに置くかによって問題の大きさは決まる。高いレベルに「あるべき姿」や目標値を設定した場合、現状とのギャップが大きいので問題も大きくなる。それは取り組む価値のある問題ともいえるが、解決が困難だと、チャレンジする意欲がなえてしまう可能性もある。一方、高過ぎない程度の水準にバーを設定すると、大きな問題と認識されないが、そのバーを乗り越えようとする意欲や達成動機が高まらない。

　問題とは、リーダーが理想とする「あるべき姿」のイメージによって、

■ 設定する基準で問題の大きさが変わる

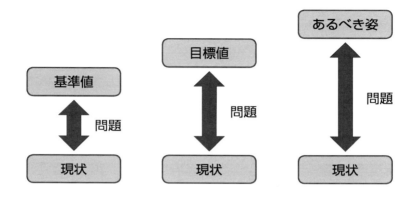

大きくなったり、小さくなったりする。そういう点では、問題は、リーダーの問題意識、つまり志と見識の高さで決まるといえる。

2　リーダーに求められる問題発見力とは

　リーダーは自分なりの「あるべき姿」を持って組織活動に取り組まなければ、問題に気づくことはできない。問題が存在しない組織や活動はあり得ないが、もしリーダーが「何ら問題がない」「このままでよい」と現状を肯定してしまったら、その組織は変革や改善が行われず、成長機会も失われてしまう。

　リーダーには問題発見力が求められるが、そのためには「あるべき姿」と「現状」に関する情報収集力が必要である。その上で、あるべき姿と現状とのギャップに気づく、「気づきの感性（センシビリティ）」が不可欠である。同じ情報を与えられても問題に気づけないリーダーは、この感性のアンテナがうまく立っていないのである。見えない問題を見つけるためには創造力も必要だ。

27 見えない問題を見つけるための意識と視点

- 問題発見力は、「あるべき姿」と「現状」に関する情報収集が前提となる
- 問題には「設定型問題」「発生型問題」「創造型問題」の3タイプある。目に見えない創造型問題に気づくには、高い視点と鋭い情報感度が不可欠。普段から先々を見据えて業務に取り組みたい

1 問題発見に必要な情報とリーダーの見識

　問題を発見するには、普段から「あるべき姿」と「現状」に関する情報を集めておく必要がある。「あるべき姿」には、組織の方針や目的、目標、使命、役割期待、計画、ルール（組織規範）に関する情報だけでなく、リーダーが理想と考える「あるべき姿」に関するイメージや将来像も含まれる。理想像や将来像は視覚的に見えないがゆえに、リーダーの見識が問われる。一方「現状」については、部下から現状に関する情報がタイムリーに入手できるような仕組みを作っておくことが不可欠である。普段から「報・連・相」を部下に求め、業務統制の仕組みをしっかりと築いておくことが重要だ。

　問題には、大きく分けて三つのタイプがある。一つは「設定型問題」である。あるべき基準を目標値として設定し、その目標値の達成を目指すタイプの問題である。売り上げや利益、シェアなどの定量的な指標を基準にする場合が多い。設定型問題の場合は、設定した目標値の妥当性チェックと達成するための手段・計画などが重要となる。

　二つ目は「発生型問題」である。顧客クレームなど、誰もが見える

■ 問題の三つのタイプ

設定型問題	あるべき基準を目標値として設定し、その目標値の達成を目指すタイプの問題
発生型問題	誰もが見える状態で、すでに顕在化している問題
創造型問題	リーダーがその前兆を捉えて問題提起し、将来に向けて解決していくべき問題

状態ですでに顕在化している問題だ。発生型問題の場合は、ロジカルな原因究明と早期対応がポイントとなる。

三つ目が「創造型問題」である。これは現状では顕在化していないが、組織や仕事の中に潜在的に存在している問題を指す。

2　創造型問題を見つけるための意識と視点

問題は、顕在化しているものだけとは限らない。潜在的な顧客クレーム、大事故につながりかねないヒヤリハット、既存商品のコモディティ化による競争優位性の低下など、現状では特に問題になっていないが、将来的に大問題となり得るものも含む。このような問題はリーダーがその前兆を捉えて問題提起し、将来に向けて解決していくべきものである。

創造型問題は、マーケットや環境変化に対する感性を磨きながら、普段から先々のことを考えて業務に取り組む中で見つけることができる。変化に対する情報感度を高めるためには、現在の業務に影響を与える要因を洗い出し、普段からその変化を観察する習慣を身に付けるとよい。影響要因は担当業務によってさまざまで、例えば法規制やIT化、グローバル化などが考えられる。

28 複眼思考で既成概念にとらわれない

- 「複眼思考」は、複数の視点を持ち、批判的に物事を捉えながら、事象の本質に迫る思考法である
- 違う立場や前提に立って考えることも複眼思考に役立つ。メリットとデメリットなど、複眼的なフレームを活用することも有益だ

1 「複眼思考」で複数の視点から物事を捉える

　「複眼思考」とは、複数の視点を持って物事を捉えることだ。重要なのは、複数の視点を自由に行ったり来たりして考察を深めるところにある。ある事象を見る場合、どうしても一つの視点に引きずられ、物事を一面的に解釈してしまうことが多い。一方で複眼思考は、複数の視点を持ち、批判的に物事を捉えながら、事象の本質に迫る思考法といえる。

　常識や通説などの既成概念、本人固有のバイアス（偏見）に左右されず、事象を自分なりに捉え直すことが、複眼思考ではとりわけ重要となる。苅谷剛彦氏は複眼思考を「一つの視点にとらわれない相対化の思考法」と書いており（『知的複眼思考法』1996年、講談社）、「これだ」と決めつけるのではなく、自分の中で相対化して事象を捉えることが大切ということだ。

　「複眼思考」の対局が、「単眼思考」である。世間一般に常識とされていることに何の疑問も持たず、他の可能性を考慮せずに門切り型の判断を下す者や、ステレオタイプ的なものの見方から抜け出せず、「女性というのは○○だ」「理系の学生なので△△なのだろう」と決めつけた発言をする者は、典型的な単眼思考の持ち主である。

■ 複眼的なフレームの適用例

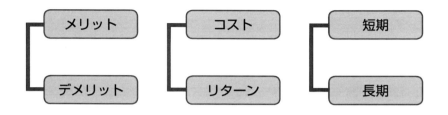

2　常に複眼的なものの見方をする

　複眼的に物事を見るには、「本当にそうなのか」と人の意見や考えなどを批判的に捉える習慣を身に付けるとよい。具体的には、「そう考える根拠は何か」「具体例としては何があるのか」「逆の見方はできないだろうか」と自分自身に問い掛けるのである。「なぜ」「なぜ」「なぜ」と疑問を次々に呈しながら、原因や理由を追求していく方法も有効だ。

　また、異なる立場や前提に立って考えることも複眼思考に役立つ。経営者の立場、ユーザーの立場、サプライヤーの立場、同じユーザーでも初心者とベテランでは立場が異なる。「仮に○○であれば」「前提条件を変えてみるとどうなるか」と考えてみるとよい。

　最初から複眼的なフレームを使って物事を整理する方法も有効である。複眼的なフレームでは、「メリット／デメリット」「コスト／リターン」「短期／長期」「作用／副作用」「損／得」「本音／建前」「プラス面／マイナス面」などの要素を複合させて捉えていく。

29 本質的な原因究明は「三現主義」と「なぜ」で行う

- 不良品やトラブルが発生した場合、机上の理論ではなく、「現場」「現物」「現実」をベースに原因究明を行う
- 表面的な原因の特定で満足せず、その背後にある真の原因を掘り下げていく姿勢を持ち続ける

1　何が起きているのかを「三現主義」で確かめる

　「三現主義」とは、「現場」「現物」「現実」をベースに物事を考えることをいう。「現地」「現物」「現認」という場合もある。これは、製造業で広く普及している行動指針や問題解決方法の一つである。不良品やトラブルが発生した場合、あれこれ机上で考えるよりも、まずは現場や現地に行って、現物を見て、何がどうなっているのかをその場で確認することが大切であるという意味だ。つまり、「机に座っているだけで、分かった気になるな」ということである。

　もちろん、現場に出向いて現物や現実を確認したとしても、それだけで問題解決が図れるわけではない。実際に目で見て耳で聞き、肌で直接感じるだけではなく、原理・原則に基づいたクールな思考も必要となる。そのため、三現主義に「原理」「原則」を加えて「五ゲン主義」ということもある。「原理」とは理論やメカニズムのことで、合理的・システム的な思考の基礎となるものだ。「原則」とはルールやそもそもの前提条件のことで、「顧客の立場に立って考える」「安全が何よりも優先する」といった原点を確認する上で不可欠なものである。

■ 三現主義と五ゲン主義

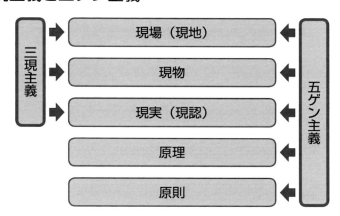

2 「なぜ」を繰り返し、原因を掘り下げる

　現場では「なぜ」を5回繰り返せと言われることがある。これを「なぜなぜ分析」という。表面的な不具合の原因を洗い出したことに満足せず、さらにその原因を引き起こした根本的な原因や背景・事情を掘り下げて考え、真の原因を特定しなければならないという意味である。真の原因を特定せず、本質的な解決に結び付かない対策を総花的に行うだけでは一時的にしか効果は得られず、効率的ではない。そのため、限られた時間と費用の中で、真の原因に手を打つことが求められる。

　また、掘り下げていく原因は、理論上想定される「要因」ではなく、現に起きている「事実」でなければならない。「こういう原因も考えられる」と原因を抽象的に捉えるのではなく、事実ベースで確認していかないと時間を無駄にする。つまり、原因を掘り下げるためには三現主義が重要なのである。

　ここで注意したいのは、原因を特定個人に帰属させて一件落着としないことだ。個人が原因のように見えても、実際は会社の風土やシステムに真の原因が隠れていることが多いからだ。

30 事実を整理し、原因にフォーカスする

- 問題解決の第一歩は事実の整理をすることである。クロス分析を使えば問題が見えやすくなる場合もある
- 問題の原因究明は、事実情報を付き合わせて仮説を立て、その仮説が成り立つかを、因果関係を追って分析していく

1 事実を整理し、問題を明確にする

　問題解決の第一歩は事実の整理である。問題となっている事実を層別にグループ分けすると、何が原因か、何が決定的な影響を与えているかなど、見えてくるものがある。これを「分析枠組み」ということもある。どういう視点で問題を捉えるかというもので、分析枠組みが適切であれば、原因究明も容易になる。

　分析枠組みには、製造現場でよく使われる4M（マン・マシン・マテリアル・メソッド）や、問題が発生している場所（工場・倉庫・店舗）、プロセス（A工程・B工程・C工程）のほか、製品ライン、製品仕様、エリア（地域）、時間帯、性別などの個人属性など、それぞれの会社のビジネススキームごとにさまざまなものが考えられる。層別化した項目ごとに問題の発生件数などを集計すると、優先的に手を打たなければならない項目が明確になる。

　複数の項目をクロスさせて問題の発生件数を集計すると、問題の原因が見えやすくなる場合もある（これをクロス分析という）。自動車であれば、車種・仕様・生産工場・生産時期を掛け合わせると、特定の工場の一定時期に生産されたある車種のうち、一部の仕様に不具合が多発していることが分かったりする。

■ 分析枠組みとクロス分析の例

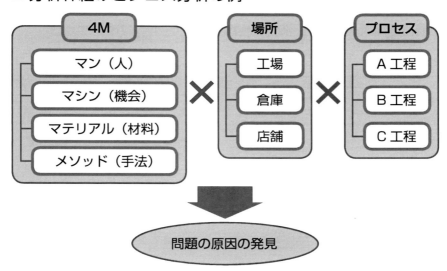

2　問題を分析し、原因にフォーカスする

　問題を分析する際に役立つのが「ロジカルシンキング」である。ロジカルシンキングとは、仮説を持った上で、問題発生の因果関係を、筋道を立てて追っていく思考法だ。前記の自動車を例にとると、クロス分析で抽出された一定条件に当てはまる車で、なぜ不具合が発生しているのかを、さらに事実情報を収集して考察する。事実情報は、設計図面、実験データなど、原因究明に役立つ情報を網羅的にヌケ・モレ・ダブリなく収集し、さらにそれらを付き合わせて原因についての仮説を立てる。

　「おそらくこれが原因のようだ」という仮説立てができれば、本当にそうであるかを検証する。検証の仕方は、原因と結果の関係を、筋道を立てて一つひとつ追っていくしかない。その際、「因果関係に論理的飛躍はないか」「他に原因は考えられないか」と思考を重ね、注意深く真の原因を探求する姿勢が求められる。

31 問題を課題化し、アクションにつなげる

- 課題とは「問題解消のためにわれわれは何をすべきなのか」という問いに答えるもので、通常一つの問題に対して複数の課題が設定できる
- 課題ごとに、問題解決策（アクション）を検討する。自由な発想で、できるだけ多くのアイデア出しを行うとよい

1　問題を課題化することで、具体的な取り組みにつながる

　問題の原因を絞り込めたら、次に「どのようにして問題を解消するのか」という問題解決の方向性を検討することになる。これを「課題化」という。課題とは「問題解消のためにわれわれは何をすべきなのか」という問いに答えるもので、通常一つの問題に対して複数の課題が設定できる。例えば、「新商品の品質水準が目標値を下回っている」ことが問題で、原因が部品の加工精度にあれば、課題は「加工精度を上げる」「発売開始時期を延期する」「代替部品を探す」などが考えられる。問題は適切な課題に落とし込むことで、解決の糸口を見つけることができる。

　また、課題は抜本対策と応急措置に分けて検討することもある。上記のケースでいうと、「所定の品質目標を達成する」ことが抜本対策、「発売開始時期の延期」が応急措置といえる。

　課題が設定できれば、問題解決策（アクション）を検討する。問題解決策とは課題を達成するための具体的な方法・手段のことで、最終的なゴール（何がどのような状態になっているか）を頭に描きながら、自由な発想で、できるだけ多くのアイデア出しを行うとよい。この作

■ 問題・課題化・課題の設定・アクションの流れ

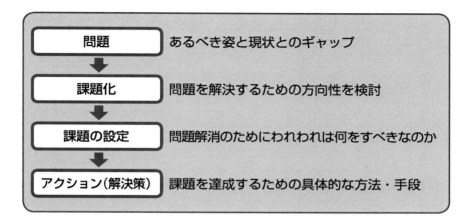

業を「発散」という。発散で抽出したアイデアは、「効果性」「コスト」「実現可能性」などの基準で評価し、絞り込んでいく。これを「収束」という。

2　アクションは網羅的に検討する

　問題解決策を検討する場合は、上記のように対策を網羅的に洗い出して、より好ましいアクションを見つけるようにしたい。また、アクションは、必ず実施しなければ問題解決につながらない「必須アクション」と、他のアクションと置き換えることも可能な「代替アクション」に分けられる。例えば、上記のケースであれば「加工精度を上げるために部品メーカーに技術者を派遣する」ことが必須アクションとなろう。逆に、「既存の代替部品を使う」「新規で代替部品を調達する」ことは代替アクションといえる。

　アクションは、最終的には問題の解消につながらなければならない。問題の9割しか解消されないとしたら、対策が不十分だということになる。そのため、当初のアクションがうまく行かなかったことを想定して、二の矢三の矢を放てるよう、次の一手も準備しておきたい。

32 問題解決への経験の活用

- 実践に裏付けられた経験則は非常に貴重で、的確で迅速な判断には不可欠
- 経験を生かすためには、現在の問題に対して、自分の経験がそのまま活用できるのかを批判的に捉え直す必要がある

1　経験を生かしながらも、経験に縛られない

　マネジャーは、仕事経験を積むことによって成長する。マネジャーとしての能力は、修羅場をどれだけ直接経験したかによって決定づけられる。そして、現場実践を通じて熟達したマネジャーは、特定領域のプレイングマネジャーとなる。実践に裏付けられた経験則は非常に貴重で、的確で迅速な判断には不可欠なものだ。しかし、過去の経験に縛られることで、判断にゆがみが生じてはいけない。

　「アンラーニング（学習棄却）」という言葉がある。これは、新たな状況に対応していくために、古くなったこれまでの経験知や価値観をいったん捨て、そのときの環境にふさわしいものに再統合していくという意味である。新たな状況には、社会や経済環境の変化といったマクロなものから、担当している仕事の変化や組織メンバーの入れ替わりなど、ミクロなものも含まれる。アンラーニングがうまくできない人は、状況の変化を理解しようとせず、過去の知識や経験にこだわって、業務に支障を生じさせ、職場不適合を引き起こす可能性がある。

■ 経験のリニューアルプロセス

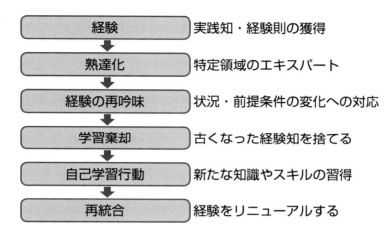

2　経験を再吟味し、さらなる学習を行う

　経験を生かすためには、現在の問題に対して、自分の経験がそのまま活用できるのかを再度吟味して、批判的に捉え直すことが不可欠だ。置かれた状況や前提条件が変化しているにもかかわらず、これまでの「ＫＫＤ（カンと経験と度胸）」に偏った問題解決をしているマネジャーも多い。このようなマネジャーは、自分自身を振り返り内省することを、意識的にせよ無意識的にせよ避けているところがある。プライドが高く、強気なマネジャーほど、自分の経験を内省できないのは、自分の経験が陳腐化していることを直視するのが怖いからだ。

　これまでの経験だけでは対処できないことが分かれば、新たな知識やスキルの習得など、自己学習行動に結び付けていく必要がある。そして、過去の経験と新しく得た知識やスキルを融合・刷新（リニューアル）することで、経験の価値は増大する。過去の経験の何を、どのようにリニューアルしたらよいかが分からない場合は、社外のネットワークに参加して、外部の異なる価値観に触れるとヒントが得られる。

33 目的を再確認し、解決策を検討する

- 人が物事を判断する場合、思い込みや先入観の影響を排除できない。経験則などに頼った判断をしがちである
- 解決策がひらめいたとしても、安易に飛び付かない。目的を再確認し、ゼロベースで解決策を考えたい

1　解決策がひらめいても、安易に飛び付かない

　人が物事を判断する場合、思い込みや先入観など（これを認知バイアスという）の影響を受けることは避けられない。特に知識・経験が豊富な専門職やベテランほど、認知バイアスのわなにはまってしまうことが多い。自分がこれまでうまく対処できていた類似事例のやり方をそのまま踏襲し、間違った対処をしてしまうことはよくあることだ。

　「ヒューリスティック（heuristic）」という心理学用語がある。人は意思決定をする際に、考慮すべきすべての要素を慎重に検討して判断するのではなく、経験則などに頼った拙速な判断をしてしまいがちだという意味だ。経験則は、とりわけ身近な経験や熟知している知識の影響を強く受けるといわれている。ヒューリスティックには、意思決定を迅速に行うことができるというメリットがあるが、自らの思い込みに左右されて判断を誤るリスクがある。

　経験則に基づき原因や対策を考えること自体は悪くないが、「それは、最近起きたあのケースと同じだ」「その現象から考えると、対策はこれだ」と、すぐに決めつけることは適切ではない。解決策がひらめいたとしても、安易に飛び付かないで、その妥当性をまず検証することが大切だ。

■ 解決策に安易に飛び付かず目的を再確認する

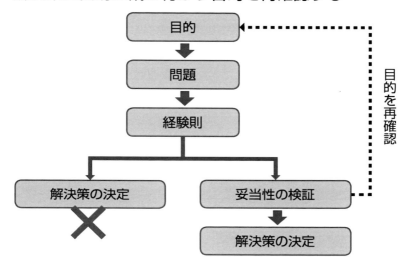

2 目的に照らして解決策の妥当性を検証する

　解決策の妥当性は、目的と照らし合わせることで検証できる。解決策を実行した場合に、当初の目的が本当に達成できるのかという視点でチェックするとよい。また、解決策を検討する場合、どうしても既存の解決策のリニューアルや改善にとどまってしまうことが多い。しかし、それでは現状の延長線上にある代わり映えのしない効果しか得られない。抜本的な問題解決策を立案するには、既存の解決策をゼロベースで見直す必要がある。ゼロベースとは、目的や原点に立ち戻って考えるということだ。

　また、解決策を案出する場合、あれもこれもと情報を集めがちとなるが、情報過多は創造性を阻害することがある。そのため、必要な情報を吟味し、できるだけ自分の頭で考えるようにしたい。解決策は最初から一つに絞るのではなく、複数の選択肢を用意して、費用対効果などの有効性を比較検討するとよい。

34 過去の失敗から学ぶ

- 成功から学ぶことは少ないが、失敗から学ぶべき教訓は多い
- 「失敗とは恥じるもの」から「失敗とは学ぶもの」という価値観に転換し、失敗を伝承することが必要

1 成功から学ぶことは少ない

　成功は幸運も含めて、いろいろな要因が重なって生まれるものである。そのため後講釈が容易で、いろいろな成功ストーリーを語ることができるが、本当の成功要因を絞り込むことは難しい。しかも、成功は結果に満足してしまい、そのプロセスを振り返って批判的に検証されることも少ない。そのため、成功体験からはあまり教訓的なものは引き出せないのだ。
　また、成功については「成功の呪縛」という問題もある。環境が変化しているのにもかかわらず、過去の成功パターンやこれまでの経験にこだわり、新たな状況に対応できない。成功体験が足かせとなり、成功パターンという既存の枠組みから脱却し、新たな視点から現状を捉え直すことができなくなるのだ。
　これに対して失敗は、失敗に至る因果関係が整理され、きちんと原因究明がなされることが一般的である。トラブル報告書、不具合報告書、始末書など、失敗のプロセスを振り返るためのツールは事欠かない。つまり、失敗には学ぶべき教訓やツールがたくさん用意されている。しかし多くの場合、失敗は関係者の処分とともにすぐに封印され、以後は箝口令(かんこうれい)が敷かれたように、社内で表だって語られることは少なくなる。

■ 失敗から学ぶ

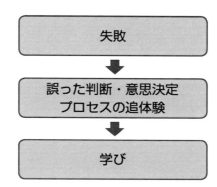

2　過去の失敗を語り継ぐ

　過去の失敗から学ぶには、「失敗とは恥じるもの」から「失敗とは学ぶもの」という価値観に転換することが必要である。そのためには、失敗についてフランクに語れる、失敗に寛容な組織に変わらなければならない。過去の失敗から学べないと、同じ失敗を繰り返してしまう。

　失敗経験の伝承には、組織内に「語り部（ストーリーテラー）」が存在することが条件となる。失敗経験は、失敗を他人の失敗として捉えると学べない。人ごとではなく、当事者として肌感覚で学ぶ必要がある。そのためにも失敗のプロセスを、リアリティを持って語れる人材を育成することも必要である。

　とりわけ、失敗に至った判断や意思決定の誤りを、その当時の社会環境や社内状況を踏まえて語れる人材が望ましい。失敗から学ぶとは、失敗に至った意思決定プロセスを学ぶことにほかならない。

35 人間関係の問題へのアプローチ

- 人間関係は、個人間、部署、部署間、組織全体の四つのレベルで捉える
- 人間関係の問題は、目に見えるコンテントだけではなく、見えづらいヒューマンプロセスにも焦点を当てるとよい

1　人間関係の問題は複雑である

　人間関係の問題は複雑だが、どのレベルの人間関係に問題があるかを最初に見極めたい。レベルには、個人間、部署、部署間、組織全体の四つがある。「AさんとBさんの仲が悪い」という問題は、個人間レベルの問題である。「特定部署のチームワークがうまく図れていない」というのは部署レベル、特定の部署と部署とが対立し合っている場合は、部署間に問題がある。組織全体の問題としては、部署間の連携が図れていない、個々のメンバーのベクトルが合っていないことなどが考えられる。

　個人間から組織全体にレベルが上がるほど、問題は複雑になるのが一般的である。いろいろな要素が絡んでくるだけではなく、要素と要素が相互に作用し合っているため、一つのシステムとして捉えて対応しなければ問題解決は図れない。システムの代表例として挙げられるのが、複数の臓器から構成される人間の体である。臓器と臓器は相互に作用し合っているので、相互の影響を考えながら治療しなければ、思わぬ副作用を生じさせてしまう。

　例えば、自らの処遇に対する不満から正社員と対立している非正規社員の問題を解決するために、非正規社員の賃金だけを改善しても、

■ コンテントとヒューマンプロセス

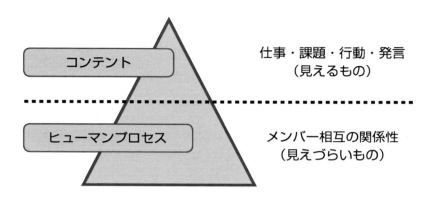

正社員の反発を買うだけである。組織全体で問題を捉え、社員の仕事・役割・責任とセットで賃金を見直さなければならない。

2 ヒューマンプロセスに焦点を当てる

　人間関係の問題は「ヒューマンプロセス」に焦点を当てると理解しやすい。ヒューマンプロセスとは、メンバー相互の関係性、メンバーの組織活動への取り組み姿勢といったもので、仕事や課題、メンバーの行動・発言など目に見えるもの（これをコンテントという）との対比で使われる言葉である。メンバーの表面的な行動や発言だけではなく、水面下でどのようなことがメンバー間で起きているかに着目しなければ、人間関係は改善されないということだ。

　メンバー同士、表面上は協力し合っていても、内心は、「よく分からない相手だから、協力しづらい」「注意したいが、角が立つので黙っておこう」「一体感を得られないので、チーム活動が盛り上がらない」などと思っていたとしたら、ヒューマンプロセスに問題がある。

5 リーダーシップを発揮する

36 困難な局面でこそ、リーダーシップが試される

- 困難な局面でこそリーダーの真価が問われる。意思決定や言動にブレがあると、部下の信頼は得られない
- 現状を変革するには、変革後の組織ビジョンを明確に示し、リーダー自ら先頭に立って道を切り開いていかなければならない

1 苦しいときこそ強いリーダーシップが求められる

リーダーシップとは、リーダーが内在的に持っている固有のものではない。リーダーを信頼し、リーダーに従うフォロワーが存在することで初めて成り立つもので、部下との関係性を通じて発揮されるものである。P.F. ドラッカーも「リーダーに関する唯一の定義は、つき従う者がいるということである」と定義している（P.F. ドラッカー『未来企業』1992 年、ダイヤモンド社）。

このように、リーダーは部下に追従される立場にあることから、部下から見て信頼できる人でなければならない。信頼できるとは、リーダーの言っていることがリーダーの真意であると確信が持てるということだ。それは言動が一致している（誠実である）、言っていることがコロコロ変わらない（一貫性がある）ということで評価される。

困難な局面でこそリーダーの真価が問われるといわれるが、状況が不透明で、意思決定のプレッシャーが大きいほど、リーダーの判断や行動にブレが生じるからである。リーダーにはカリスマ性などの個人的資質や明晰さよりも、「最終的な責任は自分が取る」という決意と、部下からの信頼が不可欠だ。

■ リーダーシップの成立条件

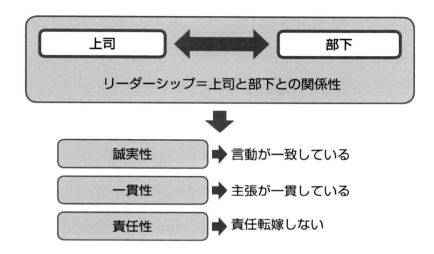

2　リーダーシップを発揮することで現状を改革していく

　また、マネジャーとの対比でリーダーを捉えた、「マネジャーは物事を正しく行い、リーダーは正しいことをする」というリーダーシップ研究者ウォレン・ベニスの言葉も有名である（ウォレン・ベニス『本物のリーダーとは何か』2011年、海と月社）。マネジャーは、正しく組織運営を行うことが求められるが、リーダーとなるには、さらに何が正しいかを考え、正しいことを先導する役割を果たさなければならないということである。

　現状を変える必要がなければ、日常管理を正しく行うマネジャーで十分である。現状を変革するには、変革後の組織ビジョンを明確に示し、メンバーを勇気づけ、リーダー自ら先頭に立って道を切り開いていかなければならない。メンバーの後方の安全地帯に陣取り、指示だけ出しているのは単なる"ボス"であり、本物のリーダーとはいえない。フォロワーの信頼も得られない。

37 リーダーはポジティブに考え、行動する

- リーダーは組織に変革をもたらす者であるから、物事の良い面を見て発言・行動していくように心掛けたい
- ポジティブ・シンキングとは、現実をきちんと受け止め、受け入れることを通じて、前に進む原動力を得る考え方

1 ポジティブ・シンキングが問題解決力を高める

　リーダーは、ポジティブでないと務まらないといわれる。ポジティブ（positive）とはネガティブ（negative）の反対語で、肯定的・積極的・確信的・前向きといったニュアンスで使われる。リーダーは組織に変革をもたらす者であるから、後ろ向きで否定的な態度では、誰もついてこない。特に、変革を起こすことは現状を変えることなので、多少なりともリスクがある。メンバーも萎縮しかねないので、リーダーは物事の良い面やプラス面を見て発言・行動していくようにしたい。

　もちろん、現実を直視しないということではない。ポジティブ・シンキング（ポジティブ思考）は、悲観的な事実であっても、悲観の中に明るい兆しを発見し、その兆しに焦点を当てていくという思考法である。複雑な問題であっても解決可能であると捉えると、一歩前に踏み出すことができる。

　また、ポジティブ・シンキングは、ポジティブに考えるように無理に自分を仕向けることでもない。むしろ現実をきちんと受け止め、その中から解決の糸口を見つけることでネガティブな感情になることを回避し、前に進む原動力を得る思考といえる。

■ ポジティブ・アプローチ

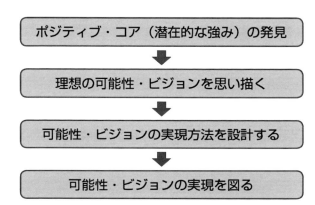

2　組織活性化には、ポジティブな問い掛けが重要

　最近は、従来の問題解決アプローチとは異なる考え方である「ポジティブ・アプローチ」も広がってきている。ネガティブな問題に着目し、その問題の解消を目指す問題解決型のアプローチではなく、組織や人の持つ強みや可能性（ポジティブ・コアという）に着目して、メンバー間でどういう方向に進むのがよいかを対話を通じて考えるというアプローチである。

　ポジティブ・アプローチの場合、リーダーからメンバーへの問い掛けが重要となる。「われわれの強みは何だろう？」「良い方向に持っていくには、どんなことができる？」「チャンスは、どこに行けば得られる？」「どのような可能性が考えられる？」「どのような役割分担にすれば、やる気が盛り上がる？」などのように、対話を通じてポジティブ・コアを発見し、夢を語り、その実現方法を設計し、実行するための手立てを整えるのである。お互いの価値を認め合い、メンバー相互の関係性を築く中で、大きなパワーが得られるというメリットがある。

38 部下を説得できなければリーダーは務まらない

- 説得力には「論理的説得」と「情緒的説得」の二つの側面がある。論理と情緒のバランスの取れた説得力を身に付けたい
- 情緒的説得ばかりでも組織成果は出せない。自分の考えを示さないリーダーは、部下から信頼されることはない

1 論理と情緒のバランスの取れた説得力を身に付ける

　部下からの信頼を得るためには、リーダーは普段から自らの言動を一致させるのと同時に、論理と情緒の両方を意識した行動を取る必要がある。とりわけ部下を動かすという点では、説得力が重要となる。説得力とは、「効果的な説明方法を用いて部下にリーダーの考えを共感させ、納得感を持たせた上でリーダーの思い描いた行動に導く能力」である。

　説得力には「論理的説得」と「情緒的説得」の二つの側面がある。「論理的説得」とは、筋道を立てて、部下の納得が得られるように説明することである。「情緒的説得」とは、部下のやりたいことや考えを聞きながら、部下の感情に働き掛けて部下を動機づけていくことである。「部長のおっしゃっていることは分かりましたが、私は嫌です」と部下に言われた場合は、情緒的説得がうまくいかなかった可能性が高い。上司の論理的説得が強すぎると、部下はうまくやり込められたと感じ、その反発からも行動に結び付きにくくなる。論理的説得と情緒的説得のバランスが大切なのである。

■ 説得力の二側面

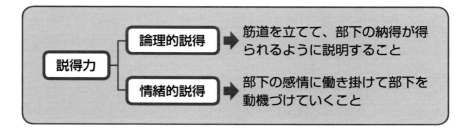

2　部下の腹落ち感が行動につながる

　リーダーの説得力は、部下がどれだけ腹落ち感を得たかで決まる。腹落ち感がないと、行動には結び付かない。中には、論理的説得だけで部下を説き伏せることができる人もいる。熱意とパワーを背景に確信的に自説を展開するので説得力があるのだ。ただし、この方法は上司との信頼関係や部下の受け止め方次第では反感を買うこともあるので、常にうまくいくとは限らない。

　一方、情緒的説得ばかりでも効果は出ない。とりわけ、「君はどう思う？」と部下の考えばかりを聞き、自分の考えを示さないリーダーは、部下から信頼されることはない。コーチングと説得とは異なるのだ。コーチングは、部下の考えや気持ちを引き出して、部下の目標を実現することをサポートするものだ。一方、説得は、上司として実現したいことを部下に説明し、納得感を持って行動してもらうためのものだ。コーチングスタイルで話をしてくれる上司は、近づきやすい「いい上司」なのかもしれないが、コーチングだけでは組織成果は出せない。コーチングと説得を意識的に使い分けることが必要だ。

39 ビジョンを描き、メンバーを引きつける

- 組織にとっての未経験課題に立ち向かうには、メンバーを引きつける魅力的なビジョンを描くことが不可欠
- メンバーを引きつけ、動かすには、リーダーの真摯な取り組み姿勢そのものが重要になる

1 ビジョンを示し、メンバーに行動の意味を与える

　組織にリーダーが必要なのは、現状を変革しなければならないからだ。激変する環境に組織を適合させていかなければ、持続的な成長はない。毎日が改善の積み重ねでよければ、マネジャー（単なる管理者）で十分である。リーダーがマネジャーと異なるのは、ビジョンを示す点である。組織にとっての未経験課題に立ち向かうには、メンバーを引きつける魅力的なビジョンを描くことが不可欠だ。ビジョンはメンバーの行動を焦点化させるもので、経営トップはもちろん、変革に取り組むリーダーであれば、課長や部長にも求められる。

　ビジョンをメンバーに示す際には、その意味や価値も併せて伝えることがポイントになる。リーダーは、いかにメンバーをリードしていくかに意識を向けがちだが、実際はリードされるメンバーの満足感や達成感をどう与えるかを考えることのほうが重要である。メンバーは、「自分たちがやっていることは、価値があることである」という確信が持てないと、リーダーの言っていることに追従しようとはしない。リーダーはビジョンとともに、その背景にある意味も生成しなければならない。

■ ビジョンを示し率先垂範する

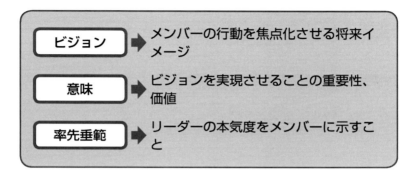

2　リーダー自ら、率先垂範してメンバーを引っ張る

　メンバーを引きつけ、動かすのはビジョンだけではない。リーダーの真摯な取り組み姿勢そのものが、メンバーを動かすのだ。「リーダーは率先垂範すべし」といわれるが、これはメンバーの手本になるという意味だけではない。メンバーが驚嘆するほどリーダーが愚直に行動することで、メンバーにビジョン実現に向けた行動の正当性を確信させる効果を持つ。

　もっともらしい美辞麗句を並び立ててメンバーの行動を喚起したとしても、リーダーが後方に陣取り、いつでも逃げられる体勢でいたら、メンバーはリーダーの本気度を疑うだろう。また、リーダーとしての権限を盾に楽をしたり、裏で利をむさぼったり、メンバーに責任を転嫁するような言動を取っていれば、メンバーはリーダーを信用しなくなる。

　リーダーには組織に対する献身的な態度とともに、自分自身の行いを律する高い倫理性と高潔な人間性が求められる。

40 メンバーにチャレンジさせるアプローチの仕方

- メンバーに困難な課題にチャレンジさせるには、メンバーに権限と勇気を与え、自律的な行動を促し、支援していくことが必要
- 個々のメンバーが大切にしている価値観に触れながらビジョンを熱く語り、メンバーの内なるエネルギーをかき立てる

1 組織を変革するリーダーに求められること

　リーダーの役割は、組織が達成すべきビジョン・目標を明確にしてメンバーに周知した上で、動機づけをし、自ら率先垂範してメンバーのフォロワーシップを喚起し、最終的に目標を達成することである。この中でも重要なプロセスは、動機づけ（エンパワーメント）である。エンパワーメントとは、本来は「力を与える」という意味である。リーダー1人が先頭を走ってもメンバーが追従しない限り、組織目標の達成は成就しない。メンバーに権限と勇気を与え、自律的な行動を促し、支援していくことがエンパワーメントである。

　リーダーシップ研究の第一人者であるコッターは、組織変革を8段階のプロセスで捉えている（ジョン・P・コッター『リーダーシップ論』2012年、ダイヤモンド社）。平たく言えば、リーダーはビジョンを示し、メンバーにエンパワーメントを行い、周囲の信頼を勝ち取り、批判を鎮めるために短期間に十分な成果を上げ、その余勢を駆って、変革を成し遂げるためのより困難な課題に挑戦していくという流れになる。

　変革という未経験の課題を前に立ちすくんでしまうメンバーを奮い立たせるには、リーダーによるエンパワーメントが必要だ。

■ 組織変革の８段階

> ❶危機感を醸成する
> ❷強力なチームをつくる
> ❸ビジョンを構築する
> ❹ビジョンを組織内に伝達する
> ❺エンパワーメントを行う
> ❻短期間に十分な成果を上げる
> ❼弾みをつけて、より困難な課題に挑む
> ❽新しい行動様式を組織文化に根付かせる

2　チャレンジを奨励して部下を勇気づける

　エンパワーメントでは、メンバーをポジティブな気持ちにさせることが重要である。メンバーの行動の軌道修正を行うコントロールとは異なる。個々のメンバーが大切にしている価値観に触れながらビジョンを熱く語り、ビジョン実現に向けてメンバーの内なるエネルギーをかき立てたい。

　「内発的動機づけ」という言葉がある。人は、他者から認められたいという「承認欲求」、組織に所属して組織と一体感を持ちたいという「帰属欲求」、自分の力で人生を切り開きたいという「達成欲求」など、基本的な欲求を持っている。これらの基本的な欲求に働き掛けることで、自発的・内発的に行動を起こすようになる。ポイントは、ビジョンの実現を通じてこれらの基本的な欲求が充足されることを、メンバーにしっかり理解させることだ。いったんビジョンにコミット（積極的に関与すること）させることができれば、後は、チャレンジそのものによって動機づけられるようになる。

41 聞き上手なリーダーが チームを効果的に回す

- ●リーダーが聞き上手になることで、メンバーは気に掛けてくれ ていると感じることができ、リーダーへの信頼が高まる
- ●コミュニケーションを継続することで、メンバーとの親近感も 強まり、職場に活気が生まれる

1 聞き上手になれば、リーダーへの信頼が高まる

　有能なリーダーは、仕事時間の多くをメンバーとのコミュニケーションに費やすといわれている。公式・非公式を問わず、リーダーができるだけメンバーの話を聞こうとする理由はいくつかある。一つ目は、チーム活動を進める上で障害となっている事項をいち早く察知し、早期に問題を解消しようとしているため。二つ目は、メンバーそれぞれが、個人として尊重され、全体の意思決定に参画しているという感覚を持たせるため。三つ目は、メンバー一人ひとりをサポートするためだ。実はこの三つ目の理由が重要である。

　メンバーにチャレンジングな課題に挑戦させたい場合、うまく成果を出せないこともある。その場合、メンバーを放置していると自己効力感が低下し、やる気を失ってしまう。そこで、メンバーがつまずいている状況に耳を傾け、アドバイスやフィードバックを行ったり、自ら手本を見せたりして支援を行う。

　リーダーには「語る人」というイメージがあるが、むしろリーダーが聞き上手になることで、メンバーは気に掛けてくれていると感じることができ、リーダーへの信頼が厚くなる。

■ チームメンバーの話を聞く目的

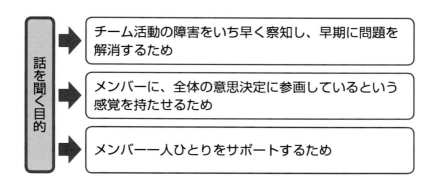

2　忙しくてもコミュニケーションを続けると、職場が変わる

　リーダーは多忙で、部長クラスとなると部下の人数も多くなり、メンバーの声を直接聞くことも難しくなる。そのため、メンバーの話を聞く役割を課長に一任している部長も多い。しかし、組織やチームが大きくなったとしても、メンバーの話を聞くことは重要である。それはメンバーに話をさせることで、メンバーが組織のビジョンや目標、戦略をどう認識しているかが分かるからである。全てのメンバーの話を聞くことが難しい場合は、要注意のメンバーだけを選んで話を聞いてみてもよい。

　話を聞く時間がない場合は、部内の複数のコミュニケーションチャネルを活用したい。直接話を聞く以外にも、課長を通じて聞く、ミーティングで聞く、朝礼で順番に話をさせる、メールを使うなどいろいろな手段が考えられる。メンバーとのコミュニケーションを継続的に続けることで、メンバーとの親近感も強まり、職場に活気が生まれてくる。

42 社内にネットワークを形成し、影響力を強める

- 非公式な社内ネットワークを使うことで、ダイナミックに組織や人材を活用できる
- 多くの社内ネットワークの中心に位置することで、社内に強い影響力を持つことができる

1 影響力を強めるには、社内ネットワークの力を使う

　自部署のマネジメントだけに専念する課長であろうと、複数の部署を統括する部長であろうと、高い視点で組織運営を行い、より効果的に成果を出していこうとすると、社内の他部署との友好的な連携は不可欠である。もちろん、会社には公式な指揮命令系統が存在し、仕事で必要な多くの情報は公式のルートで入手することが可能だ。しかし、実際の組織運営に役立つ情報を入手し、ダイナミックに組織や人材を活用しようと思えば、非公式な社内ネットワークを使うほうが圧倒的に有利である。

　一般に、他の組織と連携しようとしても、セクショナリズム（自部署の権益にのみ関心を持ち、他部署と協力しない傾向）が影響し、友好な協力関係を短時間で築くことは困難だ。しかし、他組織の内部に親密な関係を持つ人材がいれば、その人を介して情報を入手し、速やかに組織連携を図ることが可能となる。社内で影響力を強めようと思えば、積極的に社内ネットワークを形成していくことが重要となる。

■ 社内ネットワークの形成

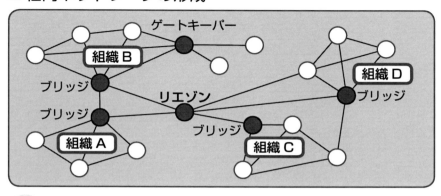

2　社内ネットワークの形成とメンテナンス

　社内ネットワークを形成する場合、社内ネットワークの中心（ハブ）に位置している人物（リエゾンという）が誰であるかを把握し、その人物と直接つながると、効率的にネットワークを形成できる。また、組織と組織を橋渡ししている人物（ブリッジという）も重要である。組織間連携を図ろうと思えば、ブリッジになってくれる人材を探し、コンタクトを取ることが先決だ。ただし、ブリッジは組織長とは限らない。組織と組織の外部との情報の出し入れを担当するゲートキーパーと呼ばれる人物もいる。ゲートキーパーは情報統制を行う門番のような役割を果たす。

　社内では、リエゾンの位置にいる人物が強い影響力を持つようになる。いろいろな組織から社内情報が集まり、社内に顔が利くようになるからだ。こういったリエゾンと直接つながりを持つのもいいが、自分自身がリエゾンとなり、複数のネットワークのハブ機能を果たすようになると、黙っていても向こうからつながりたい人材が寄ってくる。その結果、ネットワークはさらに増殖していく。

　ネットワークは、人事異動によって切れることもある。普段から有益な情報を流し、ネットワークを強固なものとしたい。

43 部下のワーク・ライフ・バランスにも配慮する

- 部下が健康で活力に満ちた状態を維持できれば、気力が充実し、その気力が支えとなって知力が発揮される
- 意識的に部下の仕事と余暇を切り分けて、ワーク・ライフ・バランスを実現したい。そのためにも仕事負荷のコントロールが必要だ

1 部下の健康が組織の生産性を左右する

　組織の生産性を上げるには、部下が肉体的にも精神的にも健康であることが大前提となる。古代ローマの詩人ユウェナリスの「健全な精神は健全な肉体に宿る」という格言があるが、健康で活力に満ちた肉体を維持することで、気力が充実し、気力が支えとなって知力が発揮される。もはや長時間労働で成果を上げるという時代ではない。

　高年齢になると、気力が衰え集中力が維持できなくなることが多いが、気力を維持するには体力を落とさないことが大切だ。若い従業員の中にも、日頃の運動不足や不摂生から体力を低下させ、仕事に集中できず成果を上げられない者や、ちょっとした不注意から事故を起こす者もいる。

　また、脳・心臓疾患などの生活習慣病や、メンタルヘルス疾患に罹患した場合、本人の生産性が大幅に低下するだけでなく、欠勤や長期間の休職によって会社の業務全般に支障が生じる。企業が行える従業員の健康管理の一番のポイントは、長時間労働をさせないことだ。管理職は、仕事だけでなく、部下の食事や運動、睡眠についても気を配る必要がある。

■ 部下の健康と組織の生産性

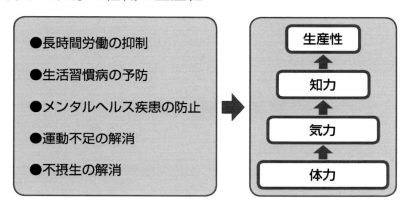

2　部下のワーク・ライフ・バランスに気を配る

　労働基準法の改正等で労働時間や休暇の規制が厳しくなると、総労働時間は少なくなり、相対的に余暇時間は増加していく。しかし、逆に従業員一人ひとりに対して成果を求める傾向は強まるため、業務時間以外でも仕事が頭から離れず、労働時間と余暇時間との境界がますます曖昧になっていく可能性がある。特にモバイル勤務や在宅勤務を取り入れる企業が増え、労働時間ではなく成果で報酬が決まる人事制度が導入されると、意識的に仕事と余暇を切り分けなければワーク・ライフ・バランスを維持することが困難となる。

　また、人工知能やロボット工学が飛躍的に進歩し、数十年後には人の代わりに仕事をするようになるといわれている。そうした将来を見越して、より付加価値の高い仕事ができるように、部下の自発的な自己啓発・自己学習行動を促すことも必要である。仕事と生活と自己啓発のバランスをいかに取っていくかが、これからの課題である。上司は、部下の仕事の量をコントロールし、仕事負荷の平準化を図りたい。突発的な仕事で無理をすると、間違いなく後で反動が来る。結果的に効率が悪くなり、健康面でも支障が生じる。

6

チームをまとめる

44 チームマネジメントの原則

- チーム活動は、明確な使命と目標があり、メンバーがその目標達成にコミットしていることが大前提となる
- チームは、メンバー同士で進捗状況を確認し合いながら、相互に関係調整を行うことで初めて相乗効果が発揮される

1　チームマネジメントの原則

　チームとは、一定の目的のために集められたメンバーから成る一時的な集団である。今日の高度な業務活動は、1人の管理職の知識と経験だけで遂行できるものではない。バックグラウンドが異なるメンバーがチームを組んで対処することが増えている。新商品開発など一定のプロジェクトのために集められたタスクフォース、市場調査など特定の作業を行うワーキング・グループなど、チームが編成される機会は多い。チームには、スポーツのようにメンバーが入れ替わるケースもあるが、恒常的に設置されるものもある。しかし、既存の階層型の社内組織はチームとは言わない。

　チームは一定目的のために編成されるので、明確な使命（ミッション）と目標（ゴール）があり、メンバーがその目標達成にコミットしていることが大前提となる。その上で、メンバーの役割を明確にし、相互の関係性を高めて、より高い成果を目指すのだ。チームマネジメントは、結局のところ、チームの相乗効果をいかに発揮させるかということである。

■ チーム活動の構成要素

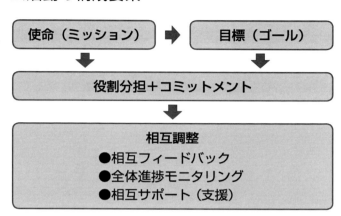

2　チームワークでの相乗効果の発揮

　チームで行う活動は、タスクワークとチームワークに分けられる。両方ともメンバーごとに役割が割り振られる点は同じだが、タスクワークは個人で完結できる活動で、メンバー相互の関係性は影響しない。これに対してチームワークは、メンバー間でのコミュニケーションと関係調整が必要な活動で、メンバーの能力の総和以上の高い成果を得ることができる半面、逆に生産性が低下してしまうこともある。

　チームワークは、メンバー間で情報共有を行い、チーム内の良好な人間関係を維持するだけでは足りない。チーム目標が達成できるように、お互いの業務遂行状況をフィードバックし合い、チーム全体の進捗状況をモニタリングしながら、遅れが見られたら相互に支援に入るなど、相互調整を行うことで初めて相乗効果が発揮される。さらに高い成果を出すには、チームに対する貢献意欲、一体感なども必要とする。これらがうまく機能している場合に「チームワークがよい」と評価される。

45 チーム一丸で成果獲得に取り組む

- チーム活動の成果は「個人成果」と「集合的成果」の二つ。チーム活動の良否は最終的に集合的成果の達成レベルで決まる
- チーム一丸となるには、何らかの成果を出す必要がある。成果が出ることでチームの凝集性が強まる

1 チーム一丸となった成果獲得への取り組み

　チームの成果物には、メンバーにそれぞれ割り振られた役割で決まる「個人成果」と、チーム作業で生まれる「集合的成果」がある。例えば、新商品の市場調査をチームで行う場合、メンバーで調査対象を分担し、それぞれがインタビューやアンケートなどを実施してデータを収集する。これは個人で完結するタスクワークで、このタスクワークの達成水準が個人成果となる。一方、集められたデータをチームで検討し、意味づけを行い、新商品の潜在可能性を探る作業はチームワークとなる。チームワークの成果が集合的成果である。

　チーム活動の成果は「個人成果」と「集合的成果」の二つであるが、チーム活動の良否は最終成果である集合的成果の達成レベルで決まる。チーム活動の成果がうまく出ない場合は、チーム目標が不明確であることが多い。例えば「顧客満足の向上を図る」「人材育成を推進する」というチーム目標は漠然としていて、メンバーがどういう形でチーム活動に貢献したらよいかが分からない。その結果、メンバーの行動がバラバラになり、チームとして力を結集できない。また、メンバーが多過ぎる場合も、メンバーの貢献意欲が低下して、チームとして機能しなくなる。

■ 成果獲得で好循環を作り出す

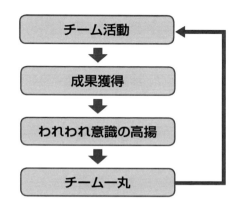

2　難関を突破したチームが真のチームになる

　チーム一丸となるには、少なくとも何らかの成果を出す必要がある。メンバーは、成果が出るまではチーム活動に対して疑いを持ち、傍観者的な態度を取りがちである。チーム一丸となるから成果が出せるのではなく、成果が出ることでチームの凝集性が強まっていく。メンバー間の結び付きを強めるには、小さな成果でよいので、早い段階で成功体験を積ませる必要がある。

　最終的なチーム目標は、チャレンジングなものでなければならない。簡単に達成できるのであれば、チーム一丸となって努力を傾注する必要がないからだ。当面の大きな目標を達成するなど、難関を突破したチームは一体感が強まる。このメンバーで達成したというチームに対する肯定感から、メンバー間の結束が強くなる。成功体験を共有し、「われわれ意識」が高まることで、チームは真のチームになるのだ。

46 チームビルディングでのリーダーの役割

- リーダーは「俺についてこい」ではなく、メンバーが分散してリーダーシップを発揮できるようにチーム活動の場づくりを行う
- リーダーの指示命令でメンバーが動くのではなく、自ら内発的に動機づけられて動くようにする

1 リーダーはチーム活性化の仕掛け人

　チームは多様なメンバーによる相乗効果を期待して編成されるので、必然的に異質なメンバーとなることが多い。同質的なメンバーでも、価値観や目的・目標が共有されているとは限らず、あらためてチームビルディングというステップを踏む必要がある。とりわけ異質なメンバーが集まった場合は、キックオフなどの交流イベントの開催や、メンバー間の対話を通じた価値観のすり合わせといった作業が不可欠である。新たに編成されたチームを「一枚岩」「チーム一丸」といった状態にするには、組織のヒエラルキー（階層）を背景にしたフォーマル（公式）な強制力ではなく、メンバー間の話し合いを通じて自律的に対応策を考えるようにさせるとよい。

　リーダーは「俺についてこい」ではなく、メンバーが自律的に活動できるような「場づくり」を行う調整役というスタンスで臨むほうがよい。チームが結成された段階では、チームリーダーの影響は大きくならざるを得ないが、やがてはメンバー一人ひとりが分散してリーダーシップを発揮できるようにしたい。なぜなら、リーダー1人で、チームに突きつけられた要求すべてに応えることは不可能だからだ。

■ 階層型組織とチームとの違い

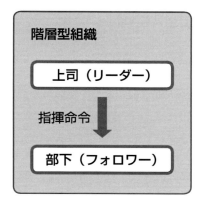
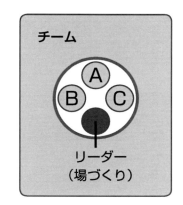

2　メンバーをその気にさせるリーダーの働き掛け

　チーム活動は、トップダウン型の従来組織では実現できない課題に対応するために行う。メンバーの自律的な行動をどう喚起し、維持していくかがリーダーの役割である。そのためリーダーは、チームに貢献しようとするメンバーの行動を承認・賞賛し、動機づけていくようにして、リーダーの指示命令で動くのではなく、メンバーが自分自身の意思で内発的に動機づけられて動くように働き掛けたい。

　メンバーは、社内から選ばれてチームに参加しているはずなので、それなりにプライドを持っている。この自尊感情に訴えて動機づけすることで、メンバーの貢献意欲を高めることもできる。

　また、チーム活動は、社内外の関係部署等と折衝する場面が多く、これがチーム活動の阻害要因となることがある。リーダーは、メンバーと外部の利害関係者との橋渡し役を積極的に買って出たい。

47 チームを機能させる仕組みづくり

- メンバー間の利害を超えた大きな共通目標を提示して、それに強くコミットさせることでチームワークが発揮される
- チームで独創的なアイデアを生むために、多様なメンバーを集め、メンバーの自由と独立性が保たれる環境をつくる

1 チームワークを発揮するチームづくりの進め方

　チームワークを発揮させるために、メンバー全員で顔を合わせる機会を増やすなど、コミュニケーションの頻度を高める取り組みをしているところが多いが、これだけでは効果は期待できない。メンバー間の利害を超えた大きな共通目標を提示して、それに強くコミットさせ、取り組ませることで、初めてチームを活性化させ一体感を作り出すことができる。

　また、メンバーがリーダーや他のメンバーに依存することもある。メンバーが目標に強くコミットしていない場合、メンバーとしての責任意識が希薄となり、安易に他のメンバーに同調し、チームとしてのパフォーマンスが発揮できないこともある。リスキーシフト（集団で意思決定することで、1人で判断するよりもリスクが高い結論を導きやすい傾向）や、コーシャスシフト（逆に慎重になり過ぎて、当たり障りのない無難な判断に流れること）が問題になることもある。チームを機能させるには、メンバーの自立とチーム目標へのコミットが不可欠である。

■ 創発が起きるイメージ

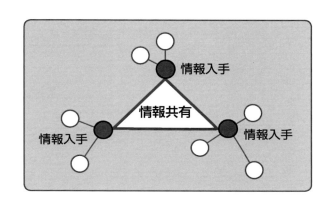

2　チームとして情報を共有し、創発に生かす

　「3人寄れば文殊の知恵」ということわざがあるが、チームで情報を共有し問題解決を図ろうとすると、メンバーの誰も考えたことがない独創的な発想が生まれることがある。これを「創発」という。1＋1＝2ではなく、3になったり4になったりするということだ。集合知（集団的知性、Collective Intelligence）という考え方も同じである。もちろんチームの中で考え方が偏り、中立的でないメンバーの影響力が強い場合は、問題解決に有効なアイデアは生まれない。多様なチームメンバーを集め、それぞれが特定の利害関係からの影響を受けないなど自由と独立性が担保されている環境を整備することが必要だ。

　また、創発は、チームメンバーそれぞれが別の外部のネットワークにつながっていて、多様な情報を収集・共有できる場合に生じやすい。チームは、メンバーの結び付きが強まり凝集性が強くなると、内部に閉じこもり、外部に対して排他的になる傾向がある。創発を起こすには、メンバーがチームで活動しながら、チーム外にも常にオープンな立場にいる状況が理想である。

48 公平な評価がチームを強くする

- チーム活動では、メンバー同士の助け合い（互酬）が重要となる。互酬が生じるにはチームに対する信頼が不可欠だ
- チーム活動ではメンバーの責任が分散され「社会的手抜き」が起きやすい。メンバーの貢献度を可視化する工夫が必要

1　チームへの信頼がチーム活動には不可欠

　チーム活動では、メンバー同士の助け合いが重要となる。困っているメンバーがいればアドバイスを行い、自分の仕事を脇に置いてでも力を貸す。これら相互援助行動が起きるためには、チームに対する絶対的な信頼が必要である。メンバー同士が助けたり、助けられたりすることを「互酬」という。互酬のベースには、チーム活動としての「ギブ・アンド・テイク」への信頼がある。つまり、もし自分が他のメンバーを助けたら、将来自分が困ったときに、必ず他のメンバーが助けてくれるという確信が、協力という行動を起こさせる。

　重要なことは、特定のメンバーに対する信頼ではなく、チームという組織に対する信頼が互酬を生じさせる点である。仮に、あるメンバーがテイクだけでギブを行わない場合、チームから何らペナルティ（罰）が課せられないなら、協力関係は一気に失われてしまう。協力には「報酬」が、非協力には「報復」がついてこないと、メンバーは協力し合わない。

■ 互酬を生じさせるメカニズム

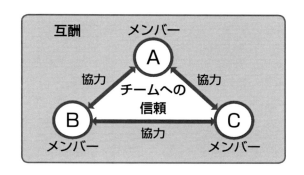

2　公平な評価がチームを強くする

　チームメンバーが協力し合うようにするには、互酬が義務であるという暗黙のルール（規範）をチームに根付かせることが先決である。そのために各メンバーは、ルール違反をしたメンバーに注意を与えるなど、チームワークが機能するように地道に働き掛けを続けることが必要だ。一方でリーダーは、メンバーを公正に評価し、評価のフィードバックを通じて、チームメンバーの協力的な態度を引き出すように心掛けたい。

　チーム活動でしばしば問題になるのは、心理学でいう「社会的手抜き」である。チーム活動ではメンバーの責任が分散され、個人レベルでの責任意識が希薄になりやすい。また、他のメンバーがいるという安心感も手伝って、結果的に個人が発揮する1人当たりのパフォーマンス量は低下する。全力を出し切っているメンバーとそうでないメンバーがいる場合、不公平感からチームの雰囲気が悪化し、チーム全体の生産性が低下してしまう。

　「社会的手抜き」を防ぐには、メンバーの貢献度を可視化することと、フリーライダー（タダ乗り）を許さないという厳格な規範を徹底することだ。

49 疑心暗鬼がチームの効率を低下させる

- メンバー間の対立などのコンフリクト（葛藤）は、チームの効率を低下させる。建設的な対話によって解消したい
- コンフリクトを防止するために、リーダーは率先してオープンなチーム文化を作り上げるようにする

1　メンバー間のコンフリクトを解消する

　チーム活動の効率を低下させる原因に、メンバー間の対立などのコンフリクト（葛藤）がある。異なるバックグラウンドのメンバーが集結しているので、チームの方針や作業手順などで意見が合わないことは当然あり得る。人間の思考と感情はつながっており、納得できないなどのモヤモヤした思考が感情に連鎖し、深刻な対立を引き起こすこともある。

　コンフリクトへの対処としては、お互いに建設的な解決策を模索する「協働」がベストだが、お互いに主張を譲らない場合は「競合」することで対立が激化する。お互いが譲歩する「妥協」は、その場での対立は解消されるが、後々しこりを残すことになる。一方が相手の言い分を受け入れ、自己の主張を取り下げる「譲歩」や、お互いに相手との関わりを避ける「回避」は、コンフリクトの抜本解決につながらず、問題の先送りにしかならない。

　コンフリクトが発生した場合は、リーダーが間に入り、お互いの対話を促しながら、問題に真正面から取り組むようにしたい。

■ コンフリクトへの対処行動

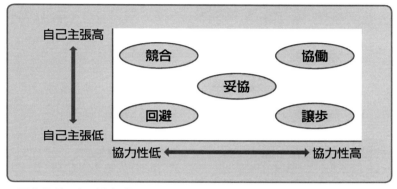

※図表参考：山口裕幸『チームワークの心理学』(サイエンス社) 85 ページ

2 メンバー同士で相互理解を深める

　コンフリクトが発生するのは、メンバー同士の相互理解が不足していることが要因である場合が多い。普段から、メンバー間でのオープンな意見のやりとりを進めることが有効だ。それには、「チームメンバーは率直に意見を言い合い、相手への苦言も含めて相互にフィードバックを行う」というチームとしての規範を共有することが大切だ。リーダーは率先してオープンなチーム文化を作り上げるようにしたい。

　人は自分自身のことをよく知っていると考えがちだが、意外とそうではない。他のメンバーは気づいているが、本人はまったく気づいていないということもある。また、自分では知っているが他のメンバーには秘密にしていることもある。お互いに相手のことが分からないと、疑心暗鬼が生じてチームの効率が低下する。相互に相手が知らないこと、気づいていないことをフィードバックすることで、オープンな関係が築けるようになる。その際、「私は……のように感じる」と私を主語にして伝えれば、相手への批判と受け取られずに済む。

50 チーム目標と個人目標を統合させる

- ●個人目標はチーム目標の達成に紐付ける形で設定し、メンバーの役割をチーム活動に組み込む
- ●メンバーのチームに対する貢献を評価に組み込むなど、成果と評価と処遇（報酬など）の仕組みを再構築する

1　目的を明らかにし、ビジョンと目標を示す

　チーム活動の目的は、一般にチーム外の会社の上層部などが決めることが多い。しかし、メンバーがその目的に心底納得していなければ、チーム活動に支障が生じる。目的を明確にして、まずメンバー間の合意を取ることが基本だ。どういった課題があって、どのような解決をチームに期待しているかを、チームを編成した責任者は明確にメンバーに伝えなければならない。目的（何のために）、ビジョン（課題が解決した状態のイメージ）、目標（達成すべき具体的なゴール）を示すことが先決となる。

　「故障率を50％低減する」など具体的な数値として目標が示されると、メンバーは時間を掛けた話し合いによって、その達成に向けたロードマップを作り、メンバーごとの役割分担を決める。チーム目標とその達成方法についてメンバー全員が納得していなければ、チームは分裂してしまうので、この話し合いのプロセスは重要だ。

　個人目標はチーム目標の達成に紐付ける形で設定する。個人目標の達成がチーム目標の達成に結び付くように設定しないと、メンバーの責任意識が希薄になる。メンバーの努力が結集されるように、メンバーの役割をチーム活動に組み込むようにしたい。

■ チーム目的と個人目標の連鎖

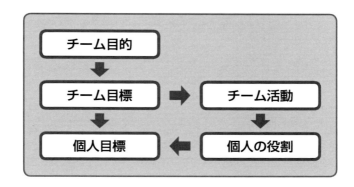

2　個人の成果と評価と処遇の仕組みを再構築する

　近年、成果主義が過度に強調されることによって、チーム目標の達成よりも個人目標の達成、成果獲得を優先するようになってきている。チーム成果の獲得を軽視し、自己の業績を上げることばかり考える傾向は、チーム活動にも悪影響を与える。そこで、メンバーのチームに対する貢献を評価に組み込むなど、成果と評価と処遇（報酬など）の仕組みを再構築する必要がある。

　例えば、チーム活動の重要な要素である相互調整機能を発揮しているかを、メンバーごとに評価することも有益である。メンバーが自分自身の担当業務の進捗を踏まえて報・連・相を行っているか、チーム活動が全体最適化されるようにモニタリングし、自分の業務遂行だけでなく、他のメンバーへの支援も行っているかなどチーム活動のプロセスに着目したマネジメントを行うとよい。

51 成熟したチームを目指す

- チームが成熟すると、あれこれ言わなくとも、なんとなく相手の「言いたいこと」「してほしいこと」が分かってくる
- チームは成熟することでメンバーの一体感が強まるが、外部に対する排他主義、前例踏襲など組織の硬直化も始まる

1 成熟したチームとは

　チームが成熟すると、メンバーが意識しなくとも絶妙のタイミングで協調行動が取れるようになる。例えば、サッカーでは選手同士は周囲の動きを確認しながら、タイミングを図ったかのように相互にパスを繰り出し、敵のゴール前までボールを運ぶ。パスを送る先やタイミングを明示的に指示されなくとも、暗黙の協調行動が取れるのだ。このようなチームプレーが起きるのは、スポーツだけに限らず、ビジネスの世界でも同じである。メンバー間の関係性が成熟すると、明示的にあれこれ言わなくとも、なんとなく相手の「言いたいこと」「してほしいこと」が分かってくる。その結果、暗黙の協調が可能となる。

　チーム活動は、上下関係を中核としたフォーマル（公式）な指揮命令による協力関係ではなく、メンバーによるメンバーのためのインフォーマル（非公式）な協力関係が基軸となる。チームではメンバー一人ひとりがリーダーとなり、チーム目標の達成に邁進する。その原動力は、上からの強制力ではなく、メンバー間で共有されている暗黙のルール（行動規範）である。

■ 成熟したチームへのステップ

```
フォーミング（形成期）  → 不安と緊張、思ったことが言えず、他人任せ
　　↓
ストーミング（混乱期）  → 意見の衝突、力関係が生じ、対立が先鋭化
　　↓
ノーミング（統一期）    → メンバーの役割が決まり、関係性が安定する
　　↓
パフォーミング（機能期）→ 結束力が高まり、相互信頼が築かれる
```

2　成熟したチームへのステップ

　チームの成熟は、お互いの価値観の相違を受け入れた上で、より大きな価値を実現するため協力し合うことに合意することで始まる。心理学者のタックマンによると、チームは下記の4段階のステップを経て成熟するという。①形成期：メンバーがお互いのことを知らない不安な状態から、チーム目標や課題を共有していく時期。②混乱期：本音で対話することで意見が衝突し、対立が先鋭化する時期。③統一期：チームとしての暗黙のルール（行動規範）が形成され、目標とメンバーそれぞれの役割が明確になり、メンバーの関係性が安定する時期。④機能期：チームの結束力が高まり、相互信頼が築かれることで、目標達成に向けて自律的に役割行動を発揮する時期。

　チームは成熟することで集団凝集性が高まり、メンバーの一体感が強まる。しかし、メンバーの「われわれ意識」が過度に高まると、外部に対する排他主義、前例踏襲など組織の硬直化が始まる。そうなるとチームは成熟から衰退に向かう。

7

部下のやる気を引き出す

52 部下の存在を認めることが、やる気を引き出す第一歩

- 基本的に部下のやる気を高めるには、褒めることが有効である。まずは褒めることで、部下の存在を認めてあげる
- 上司は部下に媚びる必要はまったくない。気持ちを通じさせることは大切だが、部下に気に入られる必要はない

1 やる気を引き出す効果的な"褒め方""叱り方"

　誰でも褒められると気分がよくなり、逆に叱られると気分が悪くなる。ある行動をとった後で褒められると、気分がよくなって、同じ行動をとろうとする動機づけがなされる。これを「強化」という。逆に叱られると気分が悪くなり、その行動をとらなくなる。これを「弱化」という。褒めたり、叱ったりすることで部下の行動を軌道修正することが可能になる。

　しかし半面、叱ることは予期せぬマイナスの影響を与えるので慎重に行いたい。叱られてばかりいる部下をイメージしてほしい。自己肯定感を傷つけられ、無気力となり、望ましい行動も起こさなくなっているケースが少なくない。

　基本的に部下のやる気を高めるには、褒めることが有効である。仮に失敗してもチャレンジしたことを褒める。失敗することで、少しでも成長していたら褒める。失敗原因を自分で理解していたら褒める。褒めることはいくらでもある。しかも褒めることは難しくない。褒められることがまったくないと、部下は職場に居場所がないような気持ちになる。まずは褒めることで、部下の存在を認めてあげることだ。

　叱る場合は、その理由をきちんと説明する必要がある。部下は、な

■ 理由を示して叱責する

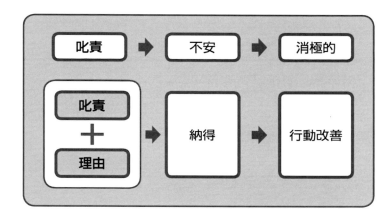

ぜ叱られているのかが分からないと、不安になり、すべての行動に対して消極的になる。そうすると自律的・自発的な行動は期待できない。

2 「褒める」ことと「おだてる」ことは違う

「褒める」とは、部下のした行動やその結果をよいことであると肯定的に評価することである。「おだてる」とは、相手を持ち上げて、得意にさせることである。おだてる行為は、事実に基づく肯定的な評価が伴わないため、表面的で作為的、誘導的な印象を与えてしまう。その結果、部下は何か魂胆があるのではと上司を勘繰るようになる。

部下に気に入られ、部下に協力してもらうことを目的に、部下を褒めたり、おだてたりすることもご法度だ。そのような行為は「媚を売る」ことであって、上司としての威厳や信頼を損ねてしまう。上司と部下の関係は、会社などの階層型組織では対等ではない。気持ちを通じさせることは大切だが、部下に気に入られる必要はない。

53 共感的な姿勢が、部下の態度を和らげる

- まずは部下の話をきちんと受け止めることに注力したい。上司との対話の場が安心・安全でない限り、部下は心を開かない
- 部下への承認メッセージを発信してから、相づちを入れつつ、状況の細部について部下に質問するとよい

1　話の聞き方の基本は「受け止め」

　部下の話を聞く際に、アドバイスや指導をしないと気が済まない管理職がいる。管理職としての責任意識が強いだけでなく、部下を常にコントロールしないと不安になるのだ。このような管理職には部下は態度を硬化させ、心を閉じてしまう。上司と話をしたいと思っている部下が求めていることは、上司の意見やアドバイスではなく、部下が置かれている状況の共有である。部下は上司と話をすることで、自分なりに状況を整理し、どう対応するかを自分で考えようとしているのだ。

　まずは、部下の話をきちんと受け止めることに注力したい。「そうなのか」「君はそう感じているのだね」「君も困っているのだね」と、部下の状況を受け止めているメッセージを発信することで部下は安心する。部下は上司との対話の場が、攻撃されることのない安心・安全な場であると感じないと、対話を通じて自己の内面に深く入っていくことができない。

　部下の話を聞いているというメッセージは、部下の話の一部を繰り返すことでも伝えることができる。「仕事が立て込んで、精神的に参っています」と部下が話せば、部下の感情が込められている「精神的に

■ 承認メッセージの発信後に質問する

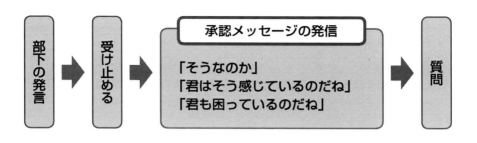

参っている」を繰り返せばよい。「そうか、精神的に参っているのだな」と返すのだ。

2　相づちが対話を促進する

　部下の話を受け止めていることを示すメッセージを発信してから、状況の細部について部下に質問するとよい。「プロジェクトの進行が遅れているのだね。もう少し詳しく説明してくれないか」というように、部下への承認メッセージに続けて、部下の発言を促すようにするわけだ。その場合、「それで」「もう少し」「もっと」「それから」といった相づちを使うと効果的である。上司がもっと聞きたいという姿勢を示すことがポイントになる。上司が「ふ〜ん」という態度では、部下は話す気がなくなってしまう。

　アイデアを引き出す場合も同様である。「そうか、それは困ったね。それで君なりに何かアイデアはあるのか」と、部下に投げ掛ける。さらに「いいね」「面白い」「ワクワクするね」など、上司としての感情反応を相づちに乗せて発言を促すとうまくいく。

54 部下の非言語メッセージに着目する

- 部下と対話する場合、部下の感情に意識を向けたい。部下の行動や発言の真意を理解するには、感情を読み解くことが不可欠
- 感情は非言語メッセージに表れる。部下の全身から発せられるシグナルを見落とさないようにしたい

1　部下をよく観察して、言葉以外のメッセージも受け取る

　部下と対話する際のポイントは、部下の感情に焦点を当てて話を聞くことである。部下の行動や発言の真意を理解するには、外からは見えにくい部下の感情を読み解くことが不可欠だからだ。

　一般にコミュニケーションは、「言語コミュニケーション」と「非言語コミュニケーション」に分けられる。言語コミュニケーションとは、言葉そのものでメッセージのやりとりを行うことである。非言語コミュニケーションは、言葉以外の表情・顔色、身振り・手振り、視線、姿勢、相手との距離・間合い、声のトーン・口調、呼吸などを通じたメッセージのやりとりを意味する。非言語コミュニケーションは、ジェスチャーなど意図的に行う場合と、無意識に行っている場合とがある。

　言語メッセージと非言語メッセージの内容が矛盾する場合、人は非言語メッセージのほうを優先して受け取るといわれている（メラビアンの法則）。例えば、「今回の失敗は気にする必要はないよ」と口では優しく伝えても、目が笑っていない、表情が硬いなど全身に怒りのメッセージが表れていたら、上司はかなり頭にきていると部下に勘繰られてしまう。非言語メッセージには、不安、怒り、悲しみ、疑い、喜び、恐怖、感動などの感情が組み込まれており、人は本能的に非言語メッセ

■ 部下の感情に焦点を当てる

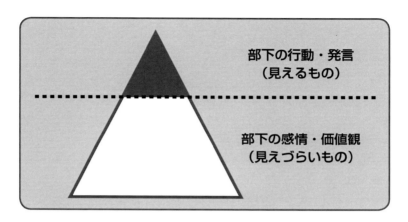

セージに強く反応する。

2 全身から発せられる非言語メッセージを読み解く

　非言語メッセージの受信に慣れないうちは、言語メッセージに意識を向ける割合を減らして、その分、非言語メッセージをキャッチすることに心掛けるようにする。部下が話している言葉そのものは耳で聞き流して、「部下は今、どういう気持ちで話をしているのだろうか」と考えながら部下を観察すると、部下の全身から発せられるシグナル（ボディーランゲージ）に気づくことができる。

　注意することは、ボディーランゲージを短絡的に捉えないことだ。ちまたのハウツー本などには、「話の最中に相手が時計を見る行為は、早く帰りたいというシグナル」などと書かれているが、ボディーランゲージ一つひとつを捉えて解釈するのではなく、全体として相手がどういう感情にあるのかを捉えるようにしたい。

55 「やればできる」を実感させる

- ●「やればできる」という自己効力感は、他人から課題達成が可能であると言葉で励まされると高まる
- ●部下の能力・経験に合ったチャレンジを用意し、ポジティブな言葉で励まし続けることが重要

1　部下をやる気にさせて、仕事の前向きな取り組みを促す

　部下がやる気を出すには、部下自身が「やればできる」と思えるかどうかにかかっている。自分には無理だなと思えば、課題に取り組むことに躊躇し、先送りにしがちとなる。そのため、部下の自己効力感（成果を出すために必要な行動を、自分はうまく取れるという確信）を高めることが重要となる。
　自己効力感は、「手探りの状態だったが、勇気を持ってチャレンジしたらうまくいった」という成功体験を積み重ねることで高まる。過去に同様の仕事で成功した経験があれば、自己効力感を高めやすいが、そうでない場合は、上司が背中を押してチャレンジさせる。その際、「君ならできると思っている」など、確信に満ちた言葉で部下のプライドを刺激することが重要だ。部下がくじけそうになったら、「せっかくここまでできるようになったのだから、もうひと頑張りしてみたらどうか。もったいないよ」とフォローすることも必要だ。自己効力感は、他人から課題達成が可能であると言葉で励まされると高まる（これを言語的説得という）。

■ 固定的知能観・拡張的知能観

| 固定的知能観 | 人の知能は先天的で変わらない |
| 拡張的知能観 | 人の知能は後天的に変わり得る |

2　部下の知能観を変える

　人間の知能が遺伝によって決まり、その後どれほど経験や学習を積もうが、知能が向上することはないという知能観を「固定的知能観」という。固定的知能観に染まっている部下は、難しい課題にチャレンジしようとはしない。失敗することによって、あらためて自分に能力が不足していることを再認識したくないからだ。そのような部下はチャレンジして失敗した場合でも、そこから何らかの教訓を学び取ろうとはしない。経験や学習によって自分の能力が向上するとは考えられないからだ。

　このような部下は、人間の知能は経験や学習によって持続的に高まり、能力も本人の自助努力によって、さらに伸ばすことが可能であるという「拡張的知能観」に変える必要がある。部下と能力的にさほど変わらない者が、粘り強く努力することで成功している事例を示し、部下の能力・経験に見合ったチャレンジの機会を用意し、ポジティブな言葉で励まし続けることが必要だ。その際、「ここまで達成できたね」「ここまでできるようになったね」と能力の伸長を実感させる言葉を使うと効果的である。

56 褒め方のバリエーションを増やす

- 褒め言葉のボキャブラリーを豊富にしておく。それぞれ語感が異なるので、実際に使ってみて部下の反応を観察するとよい
- 具体的事実と根拠を示して褒める、上司の気持ちを褒め言葉にする、部下のプライドをくすぐるなど褒め方にも工夫したい

1　さまざまな褒め方を使い分ける

　褒められることで、人は自分の存在を強く認められたことを実感し、ますますやる気が高まる。褒め言葉は前向きな行動を促す魔法の言葉だ。褒め言葉は、人から認められたいという「承認欲求」を満たし、さらなる成長を目指す「自己実現欲求」を刺激する。しかし、褒め言葉はワンパターンになりがちなので、ボキャブラリーは豊富に持ちたい。例えば、ミスをしない部下を褒める場合、「完璧だね」「職人技だね」「安定した仕事ぶりだね」「プロだね」などいろいろなバリエーションの表現が考えられる。それぞれ語感が違って部下に与える印象が異なるので、実際に使ってみて部下の反応を観察するとよい。

　褒める方法もさまざまだ。面と向かって褒める、メモやメールで褒める、にっこり笑って、ポンと肩をたたいて褒める、メンバーの前で褒める、上司の前で褒める、個室に呼んで褒めるなど、部下のタイプに合わせて選択するとよい。メンバーの前で褒めることは、どういう行動が期待されているかを他のメンバーに示す効果もある。

　また「頑張ってるね」と抽象的に褒めるよりも、具体的事実と根拠を示しながら褒めるほうが効果は高い。

■ 褒め方を工夫する

褒め言葉	多くのバリエーションを用意する
褒める方法	対面、メモ、メール、電話
褒める場所	人前で、個別に
褒める内容	行動、結果、プロセス

2　成果を期待して褒める

　成果が出ていない部下でも、スキルアップなどの成長が見られたり、プロセスで工夫や努力をしていたら褒める。その際、「次はどのようなアプローチを取ったらよいと思うか」「次回の課題はどこにあると思うか」と質問し、次の課題を意識させることを忘れてはならない。部下が課題を抽出できない場合は、上司としての期待像を示して動機づけすればよい。

　また、「よく人の話を聞いているね」と部下を評価するコメントだけではなく、「頼りにしている」「安心して見ていられる」など、上司としての気持ちを褒め言葉にすると、褒め言葉のパワーが増大する。部下のプライドをくすぐる褒め方もある。「○○君は、君のことを目標にしているみたいだから、少し面倒を見てやってくれないか」「君だからお願いするのだけど」「ちょっとここに来て、手本を見せてやってくれないか」などのフレーズは、直接的には褒めていないが、部下の承認欲求を十分に満たすことになる。

57 部下が受け入れやすい褒め方をする

- 部下が褒め言葉を受け入れるには、大げさな褒め言葉を使わないこと。小さな事実を小さく褒めることがポイントである
- ネガティブな部下には、本人が気づいていない視点から褒めると効果的。新たな視点から自分を肯定的に捉え直せるからだ

1 褒められることに抵抗を感じさせない褒め方のコツ

　面と向かって褒められると、誰もが抵抗を感じてしまい、「いえいえ、そんなことはないですよ」とすぐに否定してしまう。部下が率直に褒め言葉を受け入れるには、大げさな褒め言葉を使わないことだ。「君の問題解決力は素晴らしいね」ではなく、「この間のトラブル処理、助かったよ。ありがとう」と小さな事実を小さく褒めることがポイントである。特に感謝の気持ちを褒め言葉に乗せて伝えると、否定されることは少ない。

　また、直接褒めるよりも、第三者を介して間接的に褒めるほうが効果はある。あなたが課長であれば「部長も君のことを高く評価していたよ」と、部長を引き合いに出して褒めればよい。部下と直接接することが少ない部長クラスであれば、「頑張っているみたいだね。課長から聞いているよ」と褒めればよい。第三者を介して褒めることで、褒め言葉の真実味が倍増することは知っておきたい。

■ 視点を変えて褒める

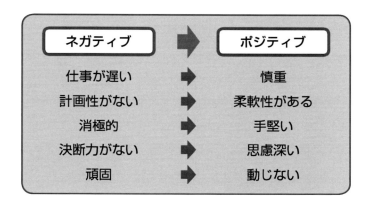

2　ネガティブな部下には、視点を変えて褒める

　ネガティブな部下は、自分を否定的に捉える思考が習慣になっていて、なかなか自分のよい点・プラス面を見ることができない。例えば、仕事が遅い部下は、「仕事が遅く、みんなに迷惑を掛けて申し訳ない」と自分のことを捉えているので、上司が「そんなに遅くはないよ。大丈夫だよ」と言ったところで、即座に否定されてしまう。このような部下には視点を変えて褒めるとよい。「君は気づいていないかもしれないけど、慎重に仕事を進めるタイプなんだよ。それは長所だよ」と切り口を変えてコメントするだけで、部下に与える印象は大きく変わる。仕事が遅いという事実は変わっていないが、その事実に対する見方・解釈を変更するだけで、褒め言葉に変えることができる。

　また、無計画な部下の場合、その無計画性をストレートに叱るよりも、「臨機応変に対応できる柔軟性はすごいね」「ここぞという場面での集中力は大したものだ」と褒めたほうが、部下の自己肯定感は高まる。自己肯定感を高めた上で、計画的に仕事をするメリットなどを説明すると、本人も素直にアドバイスを受け入れ、納得しやすい。

58 やる気を阻害する要因を排除し、チャレンジさせる

- チャレンジングな未経験課題には誰もが尻込みする。「やる気を出せ」と言うだけでは士気は上がらない
- 学習性無力感を抱いている部下には、やればできるという自己効力感を高め、勇気づける

1　やる気を阻害している要因を特定する

　部下を育てるには、難易度の高い仕事にチャレンジさせるとよい。しかし、チャレンジングな未経験課題に取り組むことは、誰もが尻込みする。「やる気を出せ」と上司が叱咤激励したところで、逆に士気が下がるだけだ。まずは、部下のやる気を阻害している要因を見つけることから始める。

　やる気を阻害する要因の第一は、過去の失敗経験だ。「何をやっても、私には無理」というマインドが刷り込まれている可能性がある。「ダメ出し」のようなネガティブフィードバックを何度も受けてきた部下は、自分には潜在能力がないと学習してきたためにやる気が出せない。「学習性無力感」と呼ばれる状態だ。

　第二は、漠然とした不安だ。人は誰しも失敗することで自尊心を傷つけたくないと思っている。特にプライドを持って仕事をしている部下は、失敗を恐れる。失敗することで、自分が思っていたほど自分の能力が高くないことを自覚するのが怖いのだ。「優秀ではない自分を見たくない」というマインドが、チャレンジという行動を抑制する。できない理由を並べ立てて、チャレンジを回避しようとする部下は、失敗から自分を守ろうとする自己防衛機能が働いている可能性が高い。

■ チャレンジによる報酬獲得を期待させる

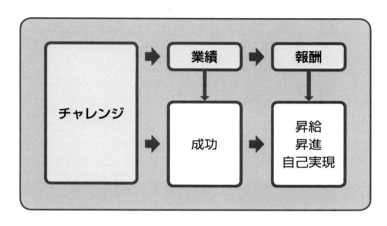

2　チャレンジを奨励して部下を勇気づける

　部下にチャレンジさせるには、「失敗してもよい」というメッセージを上司が発信することだ。一歩踏み込んで「失敗することが普通だ」と言ってもよい。チャレンジできる組織というのは、失敗したとしても安心・安全でいられる組織文化がある会社である。必要なのは勢いよく強気で突き進む「イケイケドンドン」だけではない。

　また、部下に成功体験を積ませて、「やればできる」という部下の自己効力感を高めることが必要だ。部下を動機づけるには、今回のチャレンジが成功（業績）に結び付く可能性が高いことや、その業績が、中長期的には、部下自身のキャリアにどのようなプラスの影響（報酬）を与えるかを筋道立てて説明することである。報酬とは、部下が望んでいる結果（昇給、昇進、自己実現など）のことである。チャレンジが業績に結び付き、その業績が結果的に報酬にどう結び付くかを示すことでチャレンジを促すのだ。

59 仕事の目的・背景を説明し、意識を高める

- 「なぜ、それを行うのか」といった仕事の目的・意義の果たす役割は重要。部下にきちんと説明し、意識を高めたい
- 上司と部下との意識差を確認するために、仕事の目的・意義を部下に説明させるとよい

1　仕事の目的や背景を伝え、仕事への意識を高めさせる

　部下のやる気は、上司が「ああしろ、こうしろ」と目先のことを指示するだけでは引き出せない。「なぜ、それを行うのか」といった仕事の目的・意義、求められる行動の意味、背景・事情を示し、動機づけることが出発点となる。「こういう状態になりたい」という仕事に対する強い思い（ビジョン）は、仕事を行う目的・意義が明確になっていなければ持ち得ない。

　仕事を行う上で、「なぜ」の果たす役割は重要である。同じ仕事を長く続けると、マンネリから、仕事に対する関心が弱くなることがある。その場合は、「なぜ」に立ち戻ることで、初心に返ることができる。また、壁にぶつかったりして仕事に行き詰まることで、仕事に対して懐疑的になることもある。その場合も「なぜ」を確認することで、再び、使命感を呼び起こすことができる。

　部下の仕事への意識を高めるには、「なぜ」の部分を部下にきちんと納得させ、自らの役割を認識させるとよい。その上で、獲得すべき「成果」という「何を」の部分を明確にし、手段・進め方などの「どのように」の部分を考えさせるとうまくいく。

■ 仕事の目的・意義を徹底する

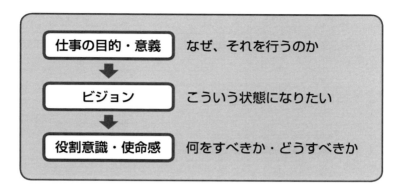

2　仕事の「なぜ」を部下に説明させ、理解度を確認する

　上司が仕事の目的や意義を説明していたとしても、部下本人が納得していなかったり、間違って理解していることがよくある。部下の口から仕事の目的・意義について説明させると、部下自身が仕事についてどういったイメージを抱いているかがよく分かる。仕事の目的・意義だけではない。会社のバリュー（会社として大切にしている価値）など明文化されたものについても、その意味するところを部下に問うてみると、まったく予期していなかった答えが返ってくることもある。

　言葉の真の意味は、上司から部下への一方通行のコミュニケーションだけでは十分に伝わらない。そこで、部下が上司や会社のメッセージをどのように受け取ったか（再解釈したか）を、部下の口から説明させることで、部下の理解度を確認する。部下が再解釈した仕事の目的や意義が、上司の考えていることと大きくズレている場合は、部下とのミス・コミュニケーションが生じていることになる。

8

部下を育て、成長させる

60 「できる部下」だけが部下ではない

- ●「できない部下」も含め部下を公平・公正に評価し、本人への評価のフィードバックを行うことで、部下の納得性を高める
- ●評価につながる仕事のチャンスは、できるだけ平等に与えて、部下全員のモチベーションを維持する

1 部下を正しく評価する

　仕事ができる部下が高く評価され、きちんと処遇（昇給、昇進・昇格）されるべきことは言うまでもない。評価で重要なことは、公平・公正・納得感である。公平とは「有利不利なく、すべてのものを同じように扱うこと」、公正は「公平で偏っていないこと、不正・ごまかしがないこと」という意味である。結果を出している部下とそうではない部下を、平等に扱うことはできないが、偏見を排し、正しく評価することは大切だ。上司の好き嫌いで評価すると、部下は納得せず、仕事への前向きな取り組み意欲を喪失してしまう。

　また、部下の頑張り（努力）と上司の評価が連動していないと、部下の怠けや手抜きを招くこともある。部下の「頑張り」は、本人の主観によるところが大きく、「頑張っているのに、私は評価が低い」というように、本人の納得を得ることは難しい。しかし、具体的な成果目標を定め、適切な評価基準によって客観的に評価することと、部下への評価のフィードバックを適正（内容が具体的・客観的で、部下に気づきを促し、成長につながる）に行うことで、ある程度この問題は解決する。部下本人の納得感が重要となる。

■ 正しい評価の３原則

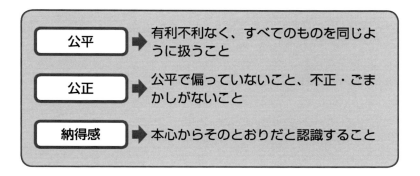

2　部下の仕事の配分をどうするか

　仕事は「できる部下」に偏ってしまいがちだが、二つの問題があるので留意したい。まず、「できる部下」の業務負荷が大きくなり過ぎて、体調悪化につながる懸念がある点だ。他の部下の業務量を見ながら、適切に仕事を分配するようにしたい。なお、「できる部下」には、「君は仕事が早いから」「安心して任せることができるから」といった言葉を添えて仕事を依頼するようにしたい。自分が「できる部下」と評価されていることが分かれば、本人も頑張れる。「何で私だけが……」という気持ちになると、被害者意識を生んでしまい、生産性が低下する。

　もう一つの問題は、「できる部下」以外の部下のモチベーションの低下だ。ビジネスパーソンの出世競争の本質は、仕事の獲得競争である。重要度の高い仕事、会社から評価される仕事をどれだけ獲得し、成果を出すことができるかが昇進・昇格を左右する。そのため、評価につながる「よい仕事」のチャンスはある程度平等に与えて、仕事に対するモチベーションを維持するように配慮することも重要になる。

61 部下のキャリアに目を向ける

- 部下の仕事以外の領域における役割責任なども踏まえながら、部下のキャリアを支援する
- これからは、キャリアは"自分自身で創る"ということが重要となる。上司のキャリア形成支援の在り方も変わってくる

1 部下のキャリア形成に目が向いているか

　キャリアは狭い意味では、仕事の連鎖（職業キャリア）として捉えることができる。上司は部下の適性や関心、能力などを踏まえながら、部下が強みを発揮し、職業満足を得られるように、部下の職業キャリアを支援してあげるとよい。しかし、職業キャリアは、仕事以外の家庭生活や余暇活動などと密接に関係しており、部下の仕事面だけを見ていても、部下のキャリア形成支援は心もとない。そこで部下の仕事以外の領域における役割責任なども踏まえながら、部下のキャリアを支援する必要性が高まっている。例えば、親としての扶養責任、子としての介護責任など、私生活上の役割（ライフロールという）と職業キャリアとの調整が必要となってくる。キャリアは広く捉えると、仕事（職業キャリア）と生活（ライフキャリア）の両方を含んだ概念となる。

　ライフキャリアは、これまでは年齢である程度の予測がついたが、現状では晩婚化や非婚化などの影響で個別性が高くなっている。また、気力や体力も人によって大きく異なり、年齢で一律に判断することがなじまなくなってきている。キャリアが多様化し、個別化していることを踏まえた対応が求められる。

■キャリア・アダプタビリティの要件

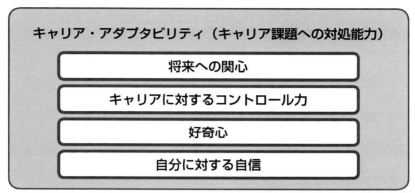

※参考：M. サビカス（2002）

2　組織決定型キャリアの限界

　日本企業では、長らく年功序列・終身雇用制など安定した雇用制度を背景に、キャリアは個人が自律的に決めるのではなく、組織が決定してきた。しかし今後は、キャリアは従業員の自己責任となり、キャリアを決定する権限は組織から個人に移行していかざるを得ない。部下の職業キャリアに大きな変化を与え、将来の可能性に制約をもたらす異動などは、部下のキャリア権（自分らしいキャリアを追求する権利）との調整が必要となる。

　加えて、キャリアは"自分自身で創る"ということが重要となる。自分の将来キャリアに関心を持ち、計画的にキャリア形成を行うのだ。そのためには好奇心を持って、職業やキャリアに関する情報収集を行い、積極的に仕事やキャリアを前に進める機会にチャレンジし、自信を獲得していくことが必要となる。これからの上司は、部下のキャリア形成支援について、部下のキャリア・アダプタビリティ（キャリア課題への対処能力）を高めていく必要がある。

62 ダメな部下だと決めつけていないか

- 最初からやる気がない部下はいない。これまでのネガティブ・フィードバックによって、自信をなくしているのかもしれない
- 上司が部下に期待をかけることで、部下が自分の知能観を修正し、やる気を出すようになる

1 この部下は「やる気がない」と決めつけていないか

　仕事に前向きに取り組まない部下を前にすると、「やる気がないダメなやつだ」と決めつけてしまう管理職は多い。しかし、最初からやる気がない部下はいない。これまでの上司や同僚からのネガティブ・フィードバックによって、自己効力感を低下させ、モチベーションが下がっているだけかもしれない。「私には無理」と思えば、やる気が起きないのは当然だ。

　能力は後天的な経験と努力によって変わる、人は成長することが可能であるという拡張的知能観（グロース・マインドセット。55参照）を部下が身に付ければ、生まれ変わったようにやる気を出すかもしれないのだ。やる気を出せない部下は、人の能力は固定的で変わることはないという固定的知能観（フィックスト・マインドセット。55参照）を持っている可能性がある。マインドセット（思い込み・信念）は、枠組み（フレーム）として人の行動に影響する。そして、部下が持つマインドセットは、上司からのフィードバックの影響を受ける。部下のやる気がないのは、上司の責任かもしれない。

■ 上司の期待が部下の成長の度合いを決める

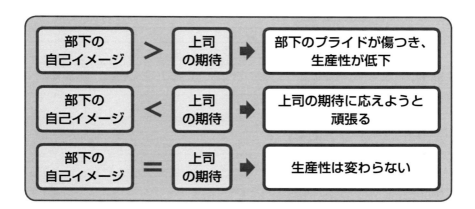

2 部下を全否定したり、他の部下と比較したりしない

「ダメなやつは何をやってもダメだ」という固定的知能観を上司が持っていると、それが部下への対応にも反映される。部下は「ダメな部下」として扱われることで、自分の頭で考えることをやめ、すぐに正解を求めるようになる。上司に依存的になり、チャレンジではなく、無難な対応に流れるようになる。さらに上司から、他の部下と比較されて叱責されるとプライドも傷つけられ、完全にやる気を失ってしまう。

逆に上司から期待されると、部下も意気に感じて、上司の期待に応えようと頑張るようになる。これを「ピグマリオン効果」という。ピグマリオン効果は、人は、自分が他者からどのように見られているか、どのように扱われているか、どうなることを期待されているかを知ることによって、自分自身の態度や行動を変化させていくというものだ。仮に部下が固定的知能観を持ち、自分は潜在能力が低いと思い込んでいたとしても、拡張的知能観を持つ上司の下で働くことで、自らの知能観を修正し、再びやる気を起こすかもしれない。

63 部下に任せることができなければ、部下は育たない

- 部下の自律性は、仕事を任されて、成果を出せた場合に高まる。部下に仕事を任せることは、部下育成にほかならない
- 権限委譲したとしても、最終的な「結果責任」は任せた上司に残る。部下のサポートと仕事のモニタリングは不可欠となる

1　部下の行動できる範囲が広がることが人材育成の目的

　部下の成長とは、部下が自分で考え、自分で行動するという自律性を身に付けることと、スキルや能力が開発され、対処できる仕事の範囲が広がることをいう。自律性は仕事を任されて、成果を出せた場合に高まる。部下に仕事を任せることは、部下育成にほかならない。

　「マイクロマネジメント」といって、部下に仕事を任せず、ささいなことにも口出しをする上司がいる。部下の業務の一切を監督し、部下の権限の範囲内であっても部下の独自判断を許さない。また、部下の能力不足で納期までに仕事が終わらない場合に、部下の同意を得ず、勝手に仕事を取り上げる上司もいる。このような上司は責任意識が強い半面、自分の自尊心を満たすことを優先しているともいえる。いずれにせよ、部下のやる気を引き下げて、部下の成長を阻害していることは間違いない。

　では、仕事を部下に丸投げしてもよいかといえば、そうではない。「エンパワーメント」という言葉がある。権限委譲と訳されることもあるが、「部下に権限を与え、励まし、力を発揮できるように上司がサポートすること」という理解が正しい。完全に権限委譲するには、部下がその権限を十分に行使できる能力を身に付けていることが前提となる。

■ 部下への仕事の任せ方

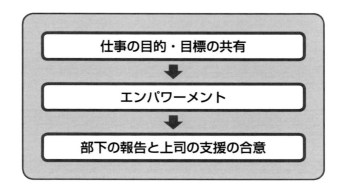

そうでない間は、上司がサポートして部下の成長を促していく必要がある。

2　部下に仕事を任せる際の留意点

　部下に仕事を任せることで、仕事の「遂行責任」は部下に移るが、最終的な「結果責任」は任せた上司に残る。そのため、上司にとって部下の仕事のモニタリングは不可欠である。仕事の目的と目標を最初に共有しておく。部下から業務遂行プロセスの要所要所で報告を受けることを、部下と合意しておけば、上司から求めずとも報告が上がってくるようになる。

　「任せて放任しない、任せて干渉し過ぎない」が部下育成の原則だが、どの程度まで任せるか、どの範囲まで部下の裁量を認めるかは、部下の成熟度によって異なる。「1人で抱え込まないで、困ったことがあったら相談してくれ」というメッセージを伝えておくことも、問題を大きくしないための、プロセス管理上のポイントである。

149

64 部下を遠ざける質問の仕方をしていないか

- ●「なぜ」「どうして」などの表現は、部下にしてみれば、上司から叱責されている気分になるので、できるだけ使わない
- ●答えにくい大きな質問はレベルを下げて、できるだけ小さな質問にほぐしてから部下に問い掛ける

1　相手を問いただす「なぜ」「どうして」はできるだけ使わない

　部下は上司の質問に敏感である。特に「なぜ」「どうして」といった尋問調の言葉には心理的な抵抗を持っている。責任を追及されているような気がして、心を開くことができなくなるのだ。そのため、部下に質問する際には、なぜ（Why）ではなく、何（What）を使うほうが効果的な場面が多い。例えば、「なぜ、業務が進まないのだ」と質問するよりも、「何が、業務を進める上での障害になっているのか」「何をすれば、業務が進むようになると思うか」といった表現だと、部下もオープンに話をしやすくなる。

　硬い印象を与える表現も敬遠される。「もう少し具体的に説明してくれ」と上司から言われると、部下は身構えてしまうが、「例えば、どんなことかな」とか「よその会社のことでもいいので、何か身近な例はあるかな」と言われると、アイデアを出しやすい。

■ 質問で部下にプレッシャーを与えない

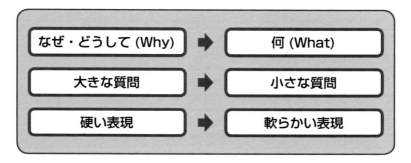

2　大きな質問を、小さな質問にほぐして問い掛ける

　とかく上司は、「A社との商談はどうなっている」「新商品展示会の企画は進んでいるか」という漠然とした質問をしがちだ。上司の頭の中では、いろいろな情報が関連する大きなまとまりとして整理され、それぞれ固有のラベルをつけて蓄積されている。「A社との商談」「新商品展示会」「売り上げ実績の報告」などがラベルである。上司の頭の中では、これらのラベルで懸念事項が検討されているので、部下に質問する場合も、ついついラベルで聞いてしまうのだ。

　しかし、いきなり大きな質問をされた部下は面食らってしまって、何から答えればよいか分からなくなり、ぼうぜんとなる。返答につまった部下は、とっさに「進んでいません」とか「頑張っています」といった抽象的な答え方をしてしまい、上司と部下とのコミュニケーションが最初からぎくしゃくしてしまうことも少なくない。

　上司は意識的に、大きな質問を小さな質問にほぐして、部下に問い掛けるようにしたい。「A社との商談の進捗を確認したい。まず、直近で訪問したのはいつだ」と部下が答えやすい質問から始める。それから「そのときの状況を詳しく説明してくれないか」「なるほど、それで」と踏み込んだ質問をしていくとよい。

65 部下を育てる叱り方

- ●叱る場合は、叱責の対象となる行動・結果以外は評価していることを伝え、部下の自己肯定感を低下させないようにする
- ●部下の言い分も聞き、部下の納得を得ながら叱責したい。部下に期待していることを伝えた上で激励することも忘れない

1 ダメ出しをしているだけでは部下は育たない

　基本的に部下を成長させるためには、部下に期待をかけ、部下の成長意欲に火をともし続けることが近道である。しかし、部下の行動改善を期待して叱ることも必要な場合がある。叱る場合は、叱責の対象となる行動・結果以外は評価していると伝えることで、叱責の対象を限定できる。広い範囲で上司から叱責を繰り返し受けると、部下は次第に落ち込んでいき、ついには仕事に関心を持たなくなる「学習性無力感」という状態に陥るので、注意が必要である。

　また、叱る目的は部下の行動変容を期待してであって、部下の反省でも謝罪でもない。「申し訳ありませんでした。これから気を付けます」と部下が詫びを入れてきても、額面どおり受け取ってはならない。「気を付けるとは、何に気を付けるのか」「今、同じことをするとしたら、どんなやり方を取るのか」と質問し、部下の内省を深めさせるように働き掛けていく。

　叱る場合は、部下の言い分も聞いてやらないと不満が残り、部下の行動変容には結び付かない。また、部下の発言が終わるのを待たずに、あれこれ口を挟んで叱責する上司がいるが、これも部下の反感を買うだけである。叱る場合は、「1対1で叱る」「他の人の目がない別室な

■ 叱責の目的は部下の行動変容

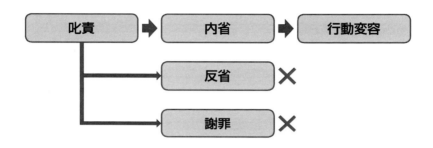

どに呼んで叱る」のが鉄則だ。

2 行為を叱り、人格を否定しない

　他のメンバーと比較して叱責することも、部下が落ち込むだけなので避けたい。むしろ「君ほどの人物が、こんなことをするなんて」「いつも期待しているぞ」と激励しながら叱るほうが、効果がある。叱責は、信頼関係が構築できている場合には部下に力を与える。普段の関係が重要になる。「この程度の仕事をこなせないと、昇格は無理だ」といった否定的な表現ではなく、「この課題をクリアできれば、昇格に一歩近づくよ」といった肯定的な表現を使うように心掛ける。

　当然のことだが、人格を否定するような言葉は使ってはならない。部下との関係が悪化するだけでなく、ハラスメント（人格権侵害）になるからだ。メールで叱責する場合は、相手の顔が見えないので特に注意したい。CCに他のメンバーが入っているメールで叱責する上司がいるが、グローバルのビジネスマナーではあり得ない行為である。

66 自分の役割や立場を理解しない部下に気づかせる方法

- 人は自分を中心に状況を捉えるので、自身の役割や立場を相対的に理解することは容易ではない
- 質問によって他者の心情をイメージさせ、部下の内省を促すことが効果的。ロールプレイ的に役割を交換してみるのもよい

1 自己中心的に捉えると、自分の役割や立場は見えてこない

　人は誰しも、自分を中心に状況を捉える傾向がある。そのため他者の視点から、自身の役割や置かれた立場を相対的に理解することは容易ではない。しばしば状況を自分に都合のよいように解釈してしまったり、自分勝手な行動をとって批判を受けてしまったりする。これを修正するには、一段高い場所からもう一人の自分が、自分自身の思考や行動を俯瞰し、モニタリングできるようになる「メタ認知能力」を高められれば、自分自身を相対的に捉えることが可能となる。

　しかし、一般の人にとって、相手の立場に立つということは難しい。相手のことをイメージしても、相手の顔が浮かぶだけだ。相手視点に立てば、本当なら相手から見た自分自身の顔が浮かばないといけない。また、自分勝手な部下に「もう少し相手の立場で考えてはどうか」と促しても、「考えてますよ！」と感情的に反発されるのがオチだ。

■ 相手の心情をイメージし、振り返る

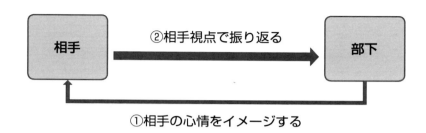

2　他者の心情をイメージさせ、自身の対応を振り返らせる

　部下の視点を強制的に他者の視点に移動させることは難しいが、質問によって他者の心情をイメージさせ、内省を促すことは比較的容易である。例えば、不適切な顧客対応をした部下に対しては、「君の対応を受けて、お客様はどんな気持ちになられたかなあ」「今ごろ、お客様はどうされているかなあ」「これからお客様はどういう行動をとられると思うか」と、顧客の心情をイメージさせるとよい。部下の内省が深まると、顧客視点で自分を見つめ直すことができるようになる。

　「自分はやるべきことはやっている。間違っているのは周囲の人間だ」などと責任を他者に転嫁し、自分の役割や立場を理解しようとしない部下には、他者の心情をイメージさせるだけでは足りない。部下自身が同じような対応をされてみないと、実感できない。そこで部下がとった言動を上司が模擬的に部下にぶつけてみて、どう感じたかを聞いてみるとよい。ロールプレイ的に役割を交換してみるわけだ。部下が「嫌な気持ちになった」と答えたなら、「相手もそんな気持ちになったのだよ」「どういう対応をとるべきだったか考えてごらん」と本人のさらなる内省を促すとよい。

67 報・連・相を活用し、自律的な部下を育成する

- 部下への指示が作業レベルだと、部下は命じられた作業しかやらない。仕事の背景をきちんと説明する
- 部下の裁量がある程度許される一連の仕事を指示することで報・連・相を誘発し、さらなる自発的・自律的行動を引き出す

1　報・連・相を部下育成に活用する

　報・連・相（21参照）は、上司と部下間のコミュニケーションの手段である。報・連・相は本来、部下が自発的に行うものである。そこで報・連・相をうまく活用して自律的な部下の行動を引き出したい。

　「部下からの報・連・相がない」「部下は言ったことしかやらない」という問題意識を持つ管理職は、部下への指示が作業レベルにとどまっていて、上司として期待するアウトプットのイメージや、仕事の背景を十分に伝えきれていない可能性がある。

　例えば、部下に会議資料のコピーという作業を指示した場合、部下はコピー作業以上のことはやらない。「ホチキスどめして、会議室に持ってくることぐらいできないのか。気が利かないやつだ」と上司は考えるかもしれないが、部下にしてみれば、指示どおり作業を行ったのだから、それでよいと考えるのも当然といえる。

　では、「コピーしてホチキスどめして、会議室に持ってこい」と事細かく作業を指示すればよいかというと、そうでもない。結局、指示されたことだけ行って、部下からなんらフォローは行われない。部下は、自分の仕事であると思わない限り、フォローも報・連・相も行おうとはしないからだ。

■ 報・連・相で自律的な部下を育成

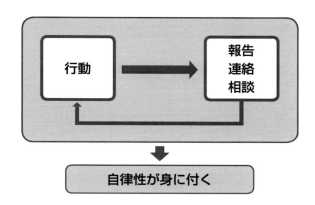

そこで「この資料を午後の会議で使いたい。極秘資料なので会議後に処分することになる。手配を頼む」とアウトプットのイメージだけを伝えて、後は部下に考えさせるとよい。部下の裁量の余地が広がる分、報・連・相を行う動機づけがなされる。

2 報・連・相を自発的に行うことで、自律が生まれる

　ある程度裁量の余地がある一連の仕事を上司から任されることで、部下は自分で考えて行動する。そして自分では手に負えない場合や、行き詰まったときに上司に相談し、報・連・相を繰り返す中で、自分で自分の仕事をコントロールしているという感覚を持つことができるようになる。これが部下のさらなる自律的な行動を引き出すエネルギーとなる。

　前述のコピーの例であれば、上司から言われなくとも、会議終了後に資料の回収と処分を自発的に行うようになる。報・連・相という自発的な行動を誘発することで、それをトリガー（引き金）として部下の自発的・自律的な取り組み意欲を引き出すのだ。

9

職場活性化と
ファシリテーション

68 組織活性化ファシリテーションの進め方

- 組織活性化ファシリテーションとは、不活性な組織を活性化された組織に変革していくこと
- リーダーは、メンバー間の関係性や場の状況に積極的に働き掛け、合意形成に向けた議論の過程そのものを管理する

1 組織活性化は自由な議論から始まる

　活性化された組織は、「メンバーのモチベーションが高く、メンバー全員が共通の目的に向かって、いきいきと仕事に取り組んでいる」というイメージで捉えられる。逆に不活性な組織は、「メンバーのベクトルが合っておらず、上から命令されなければ誰も動かない組織」というイメージとなる。組織活性化ファシリテーションとは、不活性な組織を活性化された組織に変革していくことだ。ファシリテーターという言葉は、効率的な会議の進行役という意味で使われることが多いが、最近では、メンバー間の関係性や場の状況（グループ・プロセスという）に積極的に働き掛けることで、組織の活性化を図るリーダーも意味するようになっている。

　従来型のリーダーは、結論を示してメンバーに命令し管理する、コマンド＆コントロール型のリーダーシップスタイルをとるが、個々のメンバーに腹落ち感がない場合、メンバーの十分な実行力を引き出せない可能性がある。ファシリテーター型のリーダーは、自分は聞き役に回る一方、メンバーの自由なディスカッションを質問によって引き出していく。周囲のメンバーに気兼ねして発言できない者には、他のメンバーから批判されることがない安心・安全な場を確保しながら、

■ ファシリテーター型リーダーの特徴

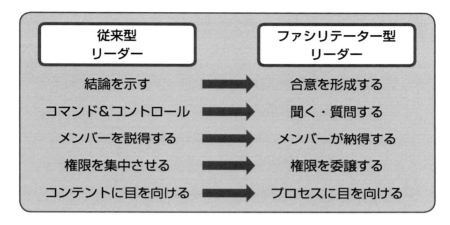

積極的な発言を促していく。

2　結論ありきではなく、合意形成のプロセスが重要

　会議で決まったことが実行されないのは、メンバーが心のどこかで納得していないからだ。その場の雰囲気で賛同はしてみたものの、実際は「それは違うのではないか」と思っていたり、「自分の言いたいことが言えなかった」という気持ちが残っていたりすれば、組織活動に向けたメンバーのベクトルは一致しない。

　リーダーは議論を整理し、結論を導こうと考えて行動するので、メンバーの発言や議論の対象である課題（コンテント）にばかり目が向きがちだ。そうすると、メンバーの議論の場におけるもやもやした感情や表面化されない思いが置き去りにされてしまう。ファシリテーター型のリーダーとして、合意形成を最終目標にするのではなく、合意形成に向けた議論の過程そのものを管理していきたい。

69 会議を効率的・効果的に活性化させる

- 会議ではその冒頭で、会議の目的とゴールをメンバー間で共有しておくことが重要だ。議論が散漫になるのを防止できる
- アイデアを生み出す「発散」のステップと、アイデアを絞り込み結論を導く「収束」のステップを意識的に切り分ける

1　ゴールを明確に示して、発散と収束を効果的に行う

　会議では、最初に目的（何のために）とゴール（何を決めるのか）を明確にして、参加者の共通認識を得ておくことが大切だ。その際、会議の次工程（決定事項が何に使われるのか）を説明すると、焦点がより明確になり、議論が散漫になることを防げる。もし勝手なことを話す人が出るなど、議論が脱線しそうになれば、「その意見は、会議のゴールと何か関係があるのでしょうか」と軌道修正すればよい。

　「アイデアが豊富に出て、目指す結論が導かれる会議」こそが効果的な会議だが、ポイントは「発散」と「収束」のステップを意識的に分けることにある。自由な雰囲気の中で、アイデアを豊富に絞り出す発散のステップでは、「質より量」「批判しない」「人のアイデアに便乗OK」を合言葉に、独創的なアイデアを出すことにだけ集中する。一方、収束のステップでは、アイデアをロジカルに整理し、批判的（多角的）に吟味して結論を導く。発散と収束では思考モードを切り替える必要があるので、収束のステップに入る際には「ここからはアイデアを多角的に検討します」と、会議の進行役（ファシリテーター）が場を仕切り直すとよい。

■ 会議の進め方のポイント

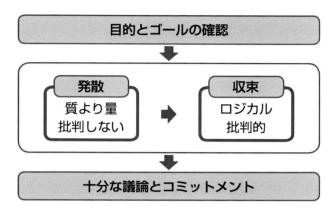

2　十分な議論を行うことが、実行力を生む

　会議で決まったことが確実に実行されることも重要だ。そのためには、メンバー全員が会議で十分に意見を出し合い、議論をし尽くしたという達成感を味わうことが必要となる。当初は「他人事」と考えていたメンバーも、意見を表明していく中で、徐々に当事者意識が芽生えてくる。自分事として課題達成にコミットするかどうかは、議論への参加度合いで決まる。真正面から意見を戦わせ、十分に時間を掛けて議論を尽くせば、結果的に本人にとって不本意な結論となった場合でも、決定事項に協力してくれる可能性が高まる。

　また、メンバーに当事者意識を持たせるには、ファシリテーターが議論に口を挟まないほうがよい。議論の整理も「いろいろな意見が出たようなので、誰か整理してくれますか」とメンバーに主導権を持たせるのがコツである。ファシリテーターは議論そのものではなく、議論が行われている「場」を管理することに意識を向けたい。

70 やる気をなくす暗い職場を明るくする

- メンバーが1人でも落ち込んでいると、全体の雰囲気が悪くなる。落ち込んでいるメンバーの早期発見とケアが重要
- 挨拶の励行などポジティブな活動を行うことで、職場の活気を取り戻す。職場を明るくするには、地道な取り組みが必要

1 雰囲気の良い職場、雰囲気の良くない職場

　雰囲気の良い職場は、メンバー全員がポジティブでいきいきしている。1人でも落ち込んでいると、全体の雰囲気が悪くなる。雰囲気の良い職場にするには、落ち込んでいるメンバーを早期に発見してケアすることが重要だ。ミーティングでの発言頻度、語勢、視線、表情などからでも、職場との一体感を持ち得ていないメンバーを見つけることは可能だ。「彼は今、どんな気持ちでそこにいるのだろうか」と、メンバー一人ひとりの感情に意識を向けながら、その発言を聞いていると、不思議と本人の気持ちを察することができる。

　とりわけ、自分の感情の表出を無理に押さえ込もうとしているメンバーがいたら要注意だ。言いたいことが言えず、気持ちもオープンにできず、職場で悶々としている可能性がある。また、職場のグループの中にサブグループができていて、サブグループ同士、陰でお互いのことを批判し合っているような職場も、雰囲気は良くない。どこのグループにも入れず、孤立しているメンバーがいる場合もある。

■ やる気をなくす暗い職場の主な要因

> メンバーに対する疑心暗鬼
> メンバー間の葛藤（コンフリクト）
> 業務の曖昧性
> 将来の不確実性
> 失敗に対する不安

2　職場を明るくし、やる気をもり立てる

　暗い職場は、メンバーに対する疑心暗鬼やメンバー間での葛藤（コンフリクト）、業務の曖昧性、将来の不確実性、失敗に対する不安など、複数の組織課題を抱えていることが多い。まず、明るい挨拶の励行、毎日の朝礼での３分間スピーチ（メンバーが交互に、仕事や個人的な話などを語る）、ランチョンミーティング（昼食会）などポジティブな活動を行うことで、職場の活気を取り戻したい。加えて、職場の雰囲気を悪くしている要因を一つひとつ突き止めて解消していくことが必要だ。

　例えば、リストラなどの組織再編が予定されており、担当業務自体が流動的な職場では、不確定なことに思いを巡らせるのではなく、目先の業務に専念するようメンバーに働き掛けるとよい。業務の追加や廃止などで担当業務が曖昧になっている場合は、メンバーを集めて担当業務を振り直す。期待役割が不明確だと、モチベーションが高まらないからだ。失敗に対する不安が強い場合は、失敗した際のリカバリー策を先に示すなど、工夫をしておく。

71 メンバーが本音で話せる環境をつくる

- メンバーが本音で話すことができる「安心・安全な場」を確保することが、職場活性化の第一歩である
- 職場で遠慮なくものが言えるようになると、他のメンバーと一体感を持てるようになり、協力関係が生まれる

1 本音でものが言えない職場

　メンバーが本音で話せる場を「安心・安全な場」という。「安心な場」とは、自分が予期しないことが起きない場のことである。発言したことが誇張され、歪められて伝えられたり、発言が一人歩きし、自分が意図しないような取り扱いをされたりすると、心安らかにはいられない。「安全な場」とは、他者から攻撃されることがない場である。発言を他者から批判され、咎められ、人格を攻撃される可能性があれば、心穏やかにはなれない。

　人は本能的に、他者から攻撃されないように自己防衛的な態度をとろうとする。お互いの顔色をうかがいながら発言している職場は、「安心・安全な場」とはいえない。また、声が大きい人が場を仕切っている、発言内容よりも誰が発言したかが重視される職場では、声の大きい、影響力のある人の意見に同調するようになるので、メンバーそれぞれが本音を話さなくなる。本音で意見を言わないから、ミーティング等での決定事項も他人事となる。

■ 本音で話せない職場の悪循環

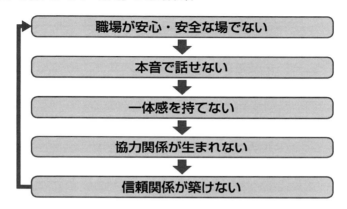

2　信頼がなければ協力し合わない

　メンバーが本音で話すようになるには、職場が安心・安全な場であるという確信と、メンバー間の相互信頼が必要だ。人はそれぞれ異なる意見を持っているが、その意見の相違が表面化したときに感情的に対立し、人間関係が悪化すると思うと、本音ではなく、オブラートに包んだ玉虫色の意見しか言わなくなる。

　また、メンバー間で葛藤（コンフリクト）が生じると、自分を頼りにするしかなくなり、相手の利益ではなく自分の利益が最優先となる。「お互いさま」という考え方ができなくなり、協力関係が失われ、相互不信の状態となる。そして、足を引っ張られるのではないかというメンバーに対する疑心暗鬼が、さらに相互不信を加速させる。

　相互信頼は「ここは安心・安全な場である」という体験の積み重ねがベースとなる。その体験が「本音で話しても大丈夫」という確信につながったときに、遠慮なくものが言えるようになり、他のメンバーと一体感を持てるようになる。一体感が生まれると、職場は"利益共同体"として機能し始める。つまり、協力関係が生まれるのだ。

72 メンバー全員で学習できる環境をつくる

- 人は経験を通して学ぶ。そのために具体的な経験だけでなく、内省（振り返り）と得られた教訓を実践する場が必要
- 職場学習でも、経験と内省という経験学習の考え方を取り入れる。討議形式による問題解決型のワークショップが最適

1　学習のための実践の場をつくる

「経験を通して学ぶ」という言葉があるように、人は現実の課題に取り組む中で、試行錯誤し、そのプロセスを振り返る中で、気づきを得て自らの行動を変えていく。この一連の流れが「経験学習」である。

出発点は「具体的な経験」である。一皮むけるような挑戦的な課題だけでなく、日常的なルーチン業務を行うことも経験である。

次に、仕事からいったん離れ、高い視点から自分の仕事経験を振り返る（これを「内省的観察」という）。うまく仕事を遂行できたか、ほかに適切な方法はなかったか、自分以外のメンバーの動きや組織のサポートは効果的だったかなど、いろいろな角度から振り返る。内省的に自身の仕事を意味づけし直すことで、新たな気づきも得られる。

こうして経験から引き出した教訓を、他の業務や場面でも応用できるように一般化する（これを「抽象的概念化」という）。「こういうときは、こうすればよい」と持論化（マイセオリー化）するのだ。最後は、そのマイセオリーを実際に試してみる（能動的実験、アクション）。マイセオリーの実践が、一つの経験となって、新たな経験学習のサイクルが回るようになる。

■ 経験学習モデル

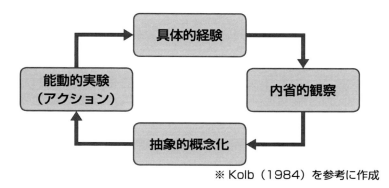

※ Kolb（1984）を参考に作成

2　メンバー全員で学習する仕組みをつくる

　これまでの職場学習は、どちらかというと業界誌や実務書の輪読、上司や社内の専門家が講師役となって解説を行う講義スタイルが一般的だった。講義スタイルは体系的な知識伝授には適しているが、半面、コミュニケーションが一方的となり、受講者の参加態度も受け身になりがちである。そこで文部科学省が推奨している「アクティブ・ラーニング（講師による一方向的な講義形式とは異なり、参加者の能動的な参加を取り入れた学習法の総称）」を取り入れて、職場学習を活性化しようとしている企業もある。

　アクティブ・ラーニングは、講義時間を事前の資料配布や補足説明で短縮し、現実の課題についてメンバー間で討議させる時間を増やす。討議は問題解決型とし、問題解決に必要な知識はメンバー同士で教え合うこととする。これによって能動的で自律的な態度や、問題発見力、課題解決力、人間関係構築力が養われるという。講師は議論の途中でメンバーからの質問には答えない。「教えてもらえればよい」という受動的な態度にさせないためである。討議後は、メンバー同士で振り返りを行い、得られた教訓を整理する。

73 メンバー一人ひとりが主役になれる工夫をする

- メンバー一人ひとりが能力と適性に応じて、それぞれの持ち場でオンリーワンになれる組織を目指す
- 部下を褒め、承認することで、部下の自己承認欲求を満たす。上司に認められることで、部下は光り輝く

1　メンバー一人ひとりが主役になれる工夫をする

　メンバー一人ひとりが、特定の職務領域でオンリーワンになれれば、自己肯定感が強まり、職務満足も高まる。全員がハイパフォーマーという組織はあり得ないが、メンバー一人ひとりが能力と適性に応じて、それぞれの持ち場で主役になれる組織を目指したい。そのためには、少なくともメンバー一人ひとりに役割を与え、「居場所」をつくることが必要である。

　ところで、自分自身が組織に貢献できているか否かという感覚は主観的なものである。人は手柄を立てたとき、その理由は自分自身の貢献にあると考える傾向がある（自己奉仕バイアス）。これは「成功は自分に帰属し、失敗は状況に帰属する」と自分に都合よく考える心理傾向であるが、部下が成果を発揮したときは「君のおかげだ！」と大いに褒めてやることで、部下にオンリーワン意識を持たせることが可能となる。

■ 質問が持つメッセージと効果

質問が持つメッセージ
- 部下の存在を認めている
- 部下の能力を認めている
- 部下の話を聞いている

➡

効果
部下の潜在的な知恵を引き出すことができる

2 質問でアイデアを引き出し、主役にする

　また、部下にコメントを求めることで、部下を主役にすることができる。ミーティングなどの場で、「このテーマだと、○○君だよね」と上司からコメントを求められると多少は緊張するが、上司やメンバーから認められたいという自己承認欲求は一気に充足される。

　同様に、部下に質問することで「自分の存在や能力が認められた」という感覚を持たせることも可能だ。質問は、質問された側が答えるだけの能力があることを前提としているからだ。「次回の顧客訪問では、何を持参したらいいかな」というレベルでも、十分に部下の存在を認めたことになる。また質問は、答える側の話を聞いていなければできない。そのため、質問することは、「君の話を聞いている」というメッセージを伝えることにもなる。

　質問のスキルも重要だ。質問によって、部下が考えてもみなかったアイデアを引き出すことができるからだ。部下が知っていることをしゃべらせるのではなく、部下の潜在的な知恵を言葉として引き出すところに、質問スキルの意義がある。「それで」「いいね」といった合いの手を入れながら、部下の画期的なアイデアを引き出し、本当の意味で部下を主役にしたい。

74 働きがいがある職場を目指す

- やりがいを感じる仕事は、上司が黙っていても部下を動機づける。部下の自律性を尊重し、部下のやりがいを後押しする
- 働きがいのある職場とは、部下自身が有能感を抱き、メンバーに受容されていることが実感できる職場をいう

1　やりがいを感じる仕事・働きがいがある職場とは

　「やりがいを感じる仕事」「働きがいのある職場」とは多義的で主観的な言葉だが、ここでは「自分の仕事に誇りを持てる、心血を注ぐだけの価値がある仕事・職場」と定義したい。誰しも「この仕事をやってよかった」「この職場で働いてよかった」と思いたい。そのために、今の仕事や職場は、本当に自分が求めているものなのかと思い悩むものである。

　やりがいを感じる仕事は、上司が黙っていても部下を動機づける。これを「内発的動機づけ」という。内発的動機づけとは、仕事そのものを楽しいと思うことで動機づけられることをいう。一方、「外発的動機づけ」とは、仕事以外の賃金、評価などの報酬によって動機づけられることをいう。

　ただし、部下本人が思うやりがいのある仕事と、企業の業績に貢献する仕事とは異なる。部下にやりがいを感じさせながら、どのようなインセンティブで、部下に組織が求める仕事をさせるかは、難しい問題だ。インセンティブには、賃金などの金銭給付、昇進・昇格などの処遇、魅力的な仕事の提供などがある。「頑張れば、次はいい仕事が回ってくるぞ！」という上司の励ましも、インセンティブの一つとなる。

■ 内発的動機づけに影響する三つの欲求

有能感（competence）	自分の有能さを発揮したい
自律性（autonomy）	自分の意思を尊重されたい
関係性（relatedness）	メンバーに受け入れられたい

2　承認と受容による働きがいのある職場づくり

　インセンティブの提示は、外発的動機づけとなる。そこで注意したいのは、外発的動機づけによって内発的動機づけが弱まるという現象だ（これを「アンダーマイニング効果」という）。自分が他者からコントロールされていると感じれば、動機づけは弱まる。締め切りや競争、ネガティブな評価も、内発的動機づけを弱める。ただし、最近の行動分析学の研究成果によれば、褒めること（言語的報酬）は、動機づけを低下させないことが分かっている。

　内発的動機づけを強めるには、その元となる三つの欲求に目を向けるとよい。①仕事を通じて自分の有能さを発揮したい「有能感」、②強制ではなく自分の意思を尊重されたい「自律性」、③メンバーに受容され、人と関わりながら仕事を進めたい「関係性」――である。

　働きがいは、部下を褒め・承認することで部下自身が有能感を抱き、メンバーに受容され、支えられていることが実感できる職場で育まれる。達成不可能なノルマや厳しい納期、過度な競争は、むしろマイナスに作用する。

75 誰も手を出さない仕事をなくす

- 仕事の目的と職場目標をメンバーで共有し、メンバー全員の責任意識を高めることで、誰も手を出さない仕事をなくす
- 組織の効果性を高めるためには、メンバーは役割外の行動も積極的にとる必要がある。そのためにも管理職の役割は重要だ

1 「それは私の仕事ではありません」とは言わせない

　職場には、誰にも割り当てられていない仕事が存在する。そうした誰も手を出さない仕事をなくすために、担当制を徹底するのも手ではあるが、絶えず発生する新たな仕事に担当を当てることは事実上不可能だ。仮にすべての仕事を担当制にしたとしても、今度は、自分の担当以外の仕事には関心を持たないという弊害が生じる。「それは私の仕事ではありません」という発言は、縦割りの官僚的組織でよく聞かれる。そのため担当制ではなく、チーム制に変更する組織もある。
　例えば、医療機関では1人の患者を主担当だけでなく、複数の看護師でケアするチーム・ナーシングの導入が進んでいる。チームで対応することで、看護師の経験不足の差を補うことができ、さらに1人で問題を抱え込み、問題を大きくしてしまうリスクも防げる。
　しかし、チーム制にすると責任が分散されるため、メンバー一人ひとりの責任意識が希薄になる懸念は拭えない。まずは、仕事の目的と職場目標をメンバーで共有し、「職場の仕事は、みんなの仕事」という意識づけを行いたい。

■ 組織の効果性を高める行動を促す

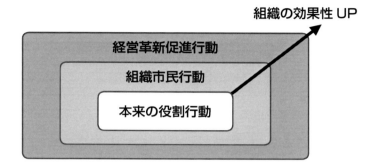

2　役割外の職務行動をどう喚起するか

　組織として公式に割り振られた役割外の職務行動のうち、組織の効果性を高めるために必要な行動を「組織市民行動」という。職場に落ちているゴミを拾う、困っているメンバーを助ける、言われなくとも会社行事や任意の活動に参加するなど、日常で組織市民行動が求められる場面は多い。組織市民行動以外でも、職場改善に率先して取り組む、顧客最優先の行動をとる、組織の改善提案を行うなどの「経営革新促進行動」も必要だ。

　これらの行動は、誠実で、組織との調和を大切にするメンバーだけでなく、組織に対する帰属意識が強く、組織と一体感を持っている場合や仕事に対する満足度が高い場合に生じやすい。逆に、仕事負荷が過剰な場合や、同時に異なる役割を果たす必要がある場合、もともとの担当職務の範囲が不明確な場合は、生じにくいといわれている。

　管理職は、働きやすい環境を整備する一方、公平公正な評価を行い、部下の職務満足を高めるよう配慮したい。

76 風通しの良い組織をつくる

- ●「情報」「意思」「感情」をメンバー間で共有することで、風通しの良い組織になる。風通しが悪いと組織の効率が悪化する
- ●風通しが悪い組織は、誰かが自己主張して、よどんだ空気を一掃しなければ良くならない。孤独に耐え、変革を進めたい

1 風通しの良い組織・悪い組織

　風通しの良い組織では、自部門内や他部門との情報共有化・連携といった横方向だけでなく、経営層などとの縦方向のコミュニケーションも円滑に行われている。コミュニケーションとは「情報（状況、事実）」「意思（思考）」「感情」を共有することである。情報を一部の役職者が独占し、不都合な情報が中間管理職の段階で握りつぶされるような組織は、風通しの悪い組織の典型である。また、上位者やメンバーが自分の本音を言わない組織、自己防衛のために腹を割った話し合いがない組織は、意思の共有が進んでおらず、お互いの腹を探り合うなどで組織効率が低下する。さらには、メンバー同士の付き合い（感情交流）がなく、嫉妬や猜疑心などのドロドロとした感情が水面下で渦巻いている組織は、メンバーの離反や内部対立を引き起こす。

　風通しが悪いと、組織問題を積極的に解消しようとする行動が起きない。問題を提起しても「余計なことはするな」と逆に白い目で見られるだけだからだ。問題に対して誰も関心を示さないから、問題が放置され、組織風土をさらに悪化させ、悪循環が繰り返される。

■ コミュニケーションで共有する３つのこと

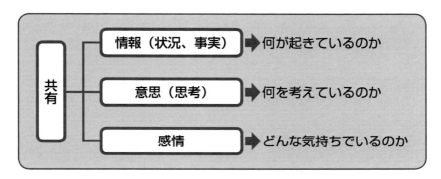

2　アサーティブな表現で、風通しの良い組織づくりを

　風通しの良い組織とは、メンバーが言いたいことを言い合える組織である。ただし、相互信頼が形成されていない段階では、お互いに自己主張を繰り広げると、人間関係が悪化するので注意が必要だ。そこで、最初は相手の反応を気遣いながら自分の意見を主張するようにしたい。重要なのは、相手に遠慮するのではなく、自信を持って、言うべきことを明確に主張するという点である。相手への批判と受け取られやすい「あなたは……」ではなく、「私は……と思う」と自分を主語にした表現を心掛ける。

　風通しが悪い組織は、誰かが自己主張を根気よくすることで、よどんだ空気を一掃しなければ良くならない。当初は「何だ、あいつは」と思われるかもしれないが、めげずに自己主張していると、誰かが追従してくれるようになる。組織には慣性（イナーシャ）があるので、すぐには良くならない。むしろ初期の段階では、変革を妨害する方向に組織全体が動くのが普通だ。孤独に耐え、賛同者を一人ひとり増やしながら、組織変革を進めていくことになる。

77 新人を組織になじませる

- 組織には固有のルール（規範）や暗黙の了解があるが、組織に新たに加わった新人には違和感がある
- 新人が組織になじんでいくプロセス（組織社会化）では、組織的な学習支援を行うことが望ましい

1　新人が組織に入ることで受けるカルチャーショック

　組織には明示的または黙示的なルール（規範）や暗黙の了解があって、外部の人間が新しく組織に加わると、少なからずショックを受ける。これまで所属していた組織とは異なる組織風土に戸惑うのは、新入社員に限らず、ベテランの転職者でも同じである。例えば、職場で使われる組織固有の用語（ジャーゴン［jargon］：特殊用語・専門用語）一つを取っても、新人には違和感がある。仕事の手順や方法もそうだ。新人が「こういうやり方のほうが効率的だと思います」「前の会社では、こんなやり方では通用しませんでした」と面と向かって抗議したとしても、「当社ではこれが普通です」と言われると取り付く島がなくなる。

　また、新しい組織に対する事前の期待と実際の状況とのギャップが大きい場合も、ショックを受ける。これを「リアリティショック」という。入社説明会や採用面接の場で会社の良いところばかりを説明し、事前の期待形成を高め過ぎると、現実とのギャップに思い悩むようになる。入社当初はやる気に満ちあふれていた新入社員が、ゴールデンウイーク明けごろからやる気を失い、不調感を訴えるようになる「五月病」は、リアリティショックが原因の一つである。

■ 組織社会化のイメージ

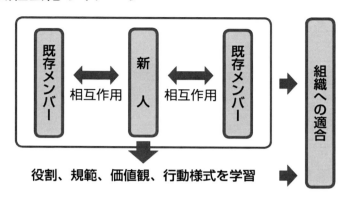

2　新人を組織に適合させるには

　新人が、組織で求められる役割や知識、規範（ルール）、価値観、行動様式などを獲得して、組織に適応していくことを、「組織社会化」という。組織社会化のプロセスを経ることで、新人は自他ともに認める組織のメンバーになる。組織社会化がうまくいかない場合は、組織にコミットできず、早期離職につながる。組織社会化とは、他のメンバーとの相互作用を通じて組織内での「在り方」を学ぶ学習プロセスなので、学習支援をすることで、スムーズに組織に適合させることができる。まず、新人の育成担当者を職場内で決めて、公私にわたって相談を受けられる体制にする。新人にも「今までの経験にとらわれず、ともかく頑張ってみては」と励ます。先輩が率先して仕事の進め方の手本を見せて、新人にまねさせる「モデリング」などを積極的に取り入れるとよい。

78 多様性を受容することで、一体感のある組織をつくる

- 環境変化に対応するために、組織は多様性を内に取り込んでいかざるを得ない
- 異なる価値観や行動様式を持つメンバーを同化・排除するのではなく、異なることの価値を尊重して組織活動に生かしていく

1 変化に対応するために多様性を受容する

　企業は常に環境変化にさらされている。変化に対応するためには、多様性を組織に取り込まざるを得ない。多様性を取り込むこととは、女性や外国人、高齢者、障害者などこれまでの組織においてマイノリティ（少数派）だった人材を包摂するだけではなく、異業種や異分野の人材、バックグラウンドが既存のメンバーとは大きく異なるメンバーを受け入れることを意味する。

　ところで、そもそも組織は多様性を受容するようにはできていない。組織のメンバーは協働するために、お互いを観察し合いながら、組織目的に適合するような行動をとろうとする。一方で、組織目的に反する行動を自主規制し、組織に同調しない者を排除しようとする。それがいつの間にか組織のルール（規範）としてメンバーを拘束し、メンバーに同様の価値観・行動様式を求めるようになる。組織が成熟すると一枚岩とはなるが、逆に多様性の受容は困難となる。

■ 多様性を受容し、変化に対応する

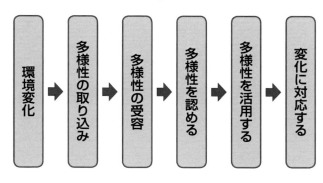

環境変化 → 多様性の取り込み → 多様性の受容 → 多様性を認める → 多様性を活用する → 変化に対応する

2　多様性を受容し、活用する

　多様性を受容し、活用するには、単なる「同化」だけでは限界がある。「同化」とは、異なる価値観や行動様式を持つメンバーを、既存の組織文化に染め上げ、溶け込ませることをいう。同化の反対は「排除」である。企業合併などでは、異なる企業文化を身に付けたメンバーの存在自体を拒否し、「○○社から来たヤツ」とレッテルを貼り、排除しようとすることも多い。排除も同化も、多様性を認めない点では同じである。まずは、お互いの多様性を受け入れ、多様性を認め合うところから始めたい。リーダーは自ら排除や同化を行わないようにするだけでなく、他のメンバーによっても、同様の行為がなされていないか注意したい。多様性の活用は、それぞれの違いの価値を認めた上で、その価値を組織としてどう生かしていくかを考える。

　多様性を受容することは、組織の一体感を高める上ではマイナスに作用する。しかし、そのマイナス面を補って余るものがあるから、ダイバーシティマネジメントが戦略上も重要となってくる。なお、多様性を受け入れる場合には、多様性を超えた組織の価値（バリュー）や信念（ビリーフ）を打ち出すことで、組織の一体感を形成するように仕向けていくことが重要である。

10

こんな問題管理職になっていないか

79 気分で仕事をする気まぐれ管理職

- 上司の不安定な感情は部下のストレスを高め、仕事の質を低下させる。感情の変化を認識し、自身の行動をコントロールする
- メタ認知能力を身に付け、感情を常にモニタリングすることで、冷静な行動がとれるようになる

1　気分で仕事をする管理職

　人間である以上、気分が乗っているときと、そうでないときは誰にでもある。しかし、気分が高揚しているときは、あれこれと指示を出し、部下に必要以上に関与する一方、気分が落ち込んでいるときは、ぶぜんとした表情で机に座っている。こんな上司だと、部下のストレスが高まるだけで、生産的な働き方はできない。

　管理職であれば、自分自身の体調や感情の変化を認識し、自身の行動をコントロールするようにする。ある女性管理職は、体調のサイクルに合わせて自分の仕事の割り振りを変えているという。例えば、重要な意思決定を行うときや、部下と冷静に話し合う場を設けるときなどは、できるだけ感情が安定している時期に行うように心掛けているそうだ。

　上司が感情的になると、部下も感情的になり、無用の対立を引き起こす。上司のイライラは、部下を遠ざける。感情をコントロールする能力は、管理職としての重要な資質である。

■ メタ認知を身に付ける

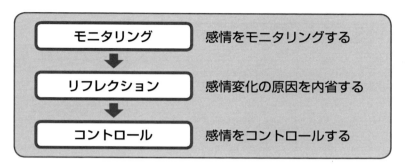

2　セルフモニタリングで感情をコントロールする

　歪んだ感情は思考に影響を与え、それが不適切な行動として表れる。怒りなどのネガティブな感情は、視野や思考の幅が狭まり、破壊的な行動に結び付く恐れがある。喜びなどのポジティブな感情であっても、コントロールをしなければ勇み足などの軽率な行動に結び付く可能性がある。感情以外に「情動」という言い方もある。「感情」とは喜怒哀楽、好き嫌い、快・不快のことだが、「情動」は強い恐れや怒りなど、一時的で急激な心の変化のことを意味する。

　感情は比較的安定しているので、コントロールしやすいが、情動は普段から自分自身を冷静に見つめる習慣がないと制御することは難しい。自分以外のもう1人の自分が、一歩離れた場所から自己の感情を認識し、誤った行動に走らないように抑制するメカニズム（メタ認知能力。66参照）を身に付けることが重要になる。メタ認知は、自分自身の感情をモニタリングし、何が原因でそのような感情になっているのかを内省（リフレクション）し、不適切な行動に結び付かないように自身の感情をコントロールする能力である。感情を常にモニタリングすることで、情動の動きを予測でき、冷静な対処ができるようになる。

80 仕事を丸投げする無責任管理職

● 部下に仕事を任せることは、部下の裁量による業務遂行を認めることである。裁量度が高まる分、部下の自律性も芽生える
● 部下の能力と成熟度を把握した上で、任せる仕事の大きさと上司の介入度合いを調整することも必要

1 「任せる」と「放任する」は異なる

　部下に仕事を「任せる」とは、「部下に権限を委譲し、部下の裁量で業務を遂行することを認める」ことである。部下に「権限を委譲する」とは、業務遂行についての責任を部下に与える一方、その結果責任については管理職が引き受けることをいう。部下に仕事を任せることで、上司が直接業務を遂行する必要はなくなるが、結果責任が伴うことから、「報・連・相」による部下の仕事のモニタリング（チェック）とサポート（指導・助言）は欠かせない。

　「放任」は、仕事の納期まで部下への介入を行わないことをいう。放任は部下を信頼し、部下の自主性を尊重しているように見えるが、無責任管理職の怠慢に過ぎない。

　仕事を任せられると、部下のモチベーションは向上する。上司から逐一指示されるのではなく、自分の裁量・創意工夫で業務を遂行することができるので、やりがいを感じることができる。部下の自律性は、仕事を任されることで初めて芽生える。部下が仕事を「自分事」として考えるようになるには、仕事の任せ方の巧拙にかかっている。

■ 任せる仕事の大きさと上司の介入度合い

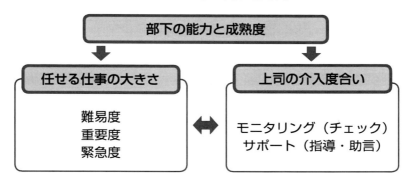

2　仕事を丸投げする管理職

　「丸投げ」とは、仕事の目的や目標（成果物のイメージと期限）を説明せず、「頼んだよ。よろしく！」の一言で一方的に仕事を押し付け、上司としてのサポートもほとんど行わないことをいう。仕事を任せる際には、部下の能力と成熟度を把握した上で、任せる仕事の大きさ（難易度・重要度・緊急度）と上司の介入度合いを調整する。経験不足の部下に難易度が高く、失敗が許されない重要度が高い仕事を任せるなら、上司の介入度合いは大きくなる。上司の介入度合いが増えると、部下の裁量範囲が狭まるので、部下が仕事を任せてもらえたという納得感は、その分弱まる。しかし、自己成長につながるチャレンジングな仕事として認識できれば、部下のやる気は低下しない。

　仕事を丸投げされたと感じる部下は、「なぜ自分」が仕事を任されたのかを納得していないことが多い。部下には、仕事の目的や目標、意義だけでなく、なぜその仕事を「その部下」がやらなければならないのかという理由を説明してあげることが大切だ。

81 権限委譲ができない偏狭管理職

- 部下一人ひとりの成熟度に合わせて、「指示すべきは指示し、任すべきは任す」という臨機応変な対応が望まれる
- 権限委譲をしないということは、部下に対して「あなたを信用していない」というメッセージを発信していることと同じ

1 箸の上げ下ろしにまで指示をする管理職

　部長クラスになると、自分で直接手を動かすことは少なくなるが、課長に仕事の進め方を細かく指示しないと気が済まない者もいる。時には課長を飛び越えて、直接部下に指示する者もいる。このような部長は、部下育成意識が低いだけでなく、「組織を使って成果を出す」という部長クラスに求められる行動がとれていない。部長が示すべきは方針であって、仕事の進め方ではない。

　部下一人ひとりの成熟度に合わせて、「指示すべきは指示し、任すべきは任す」という臨機応変な対応が管理職には求められる。未熟な部下には手取り足取りで指示する必要もあるが、ある程度仕事に慣れてきた部下には、指示よりも自分で考えて行動するように求めなければ、部下の成長は止まってしまう。この段階での管理職の役割は側面支援である。部下の考えを聞きながら、適宜アドバイスを行うマネジメントスタイルが適切である。

　部下がひとり立ちできそうな段階になると、管理職の指示的行動はさらに減り、後方支援が中心となる。部下の意をくみながら、必要なバックアップを行う。相手が課長であれば、指示は最小限に抑え、権限をほぼ委譲する段階となる。

■ 部下の成熟度に合わせた権限委譲

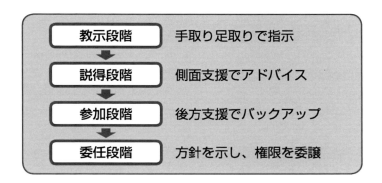

2 権限委譲ができないのは、管理職が未熟だから

　権限委譲ができないのは、管理職自身がリスクを負いたくないからだ。人間的に弱いので、部下に任せることが怖いのだ。権限委譲をしないということは、部下に対して「あなたを信用していない」というメッセージを発信していることと同じである。自分を信用してくれていない上司の下で、部下がいきいきと働くとは考えにくい。

　また、この手の管理職は、自分自身が仕事を任せてもらった経験が少ないために、適切なマネジメント行動のイメージを持つことができていないことが多い。完璧主義者で、部下より優位に立ちたい、部下をコントロールしたいという歪んだ考えを持っていることもある。いずれにせよ、管理職としては未熟である。

　「まだまだ部下には任せられない」と考えがちな管理職は、「部下は仕事を任されることで成長する」「昨日の部下は今日の部下ではない。部下は日々成長している」という考え方に変わらないといけない。

82 過去の成功体験から抜け出せない無思考管理職

- 成功パターンを学習することで、前提条件が変わっていても、同じパターンで対応しがちになるので注意が必要
- 知ったかぶり、ひけらかし管理職は、心の奥に劣等感を持っている。部下に勝つよりも、負けてやる度量の広さを持ちたい

1 過去の成功体験に固執する管理職

「失敗は成功のもと」といわれるが、「成功は失敗のもと」というのも事実である。成功することで自信を持ち、努力を怠るようになるから失敗するという単純な理由だけではない。成功を経験することは、成功パターンを学習することでもある。そのため環境が変化していたとしても、同じような問題には、過去の成功パターンで対応しがちとなる。成功パターンを身に付けることは、繰り返し発生する定型的な問題に対しては有効である。しかし、前提条件が変化していたり、新たな組織課題に挑戦する場合は、成功体験が邪魔をすることがある。

また、成功体験に固執する管理職は、成功パターンという「手続き」「方法」に固執するだけではなく、成功体験で獲得したフレーム（ものの見方、判断の枠組み、準拠枠）にも固執している。現状を把握する場合も、ありのままの現実を受け入れて、ゼロベースで捉えるのではなく、既存のフレームに当てはめて捉えがちになるということだ。同じ現実を見ていたとしても、フレームが異なると違うものとして映る。部下がいくら説明しても、上司が受け入れないのは、上司が自分のフレームの不適切さに気づいていないためである。

■「成功は失敗のもと」

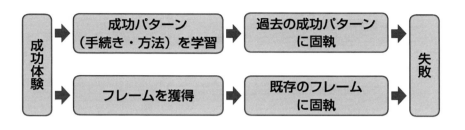

2　知ったかぶり、ひけらかし管理職

　成功体験に固執する管理職が、成功したことによって自分のものの見方に過剰な自信を持っているのに対し、知ったかぶり、ひけらかし管理職はその逆である。上司が部下よりも優秀なことは当然のことで、あえて自分の業績をひけらかす必要はまったくない。しかし、部下に対してライバル心を抱いている場合や、劣等感が強い上司の場合は、部下を目の敵にすることがある。上司は部下に勝っても何ら得るものはない。むしろ負けてやることで、部下を立て、部下に自信をつけさせるような度量の広さが求められる。

　知ったかぶりをする管理職は、部下よりも自分のほうが優秀であると周囲に思われたいのではなく、自分自身でそう思いたいのだ。ひけらかすものが少ないから、ひけらかす。知っていることが少ないから、知ったかぶりをする。これらの行動の根底には、根深い劣等感が存在しているケースが多い。

83 失敗を押し付け、手柄を横取りする狡猾管理職

- 失敗を部下に押し付ける管理職は、ストレス耐性が弱く、自分と向き合うことができない。人としての器も小さい
- 部下の手柄を横取りするのは劣等感の裏返しである。人徳のない上司として、部下からの信頼も得られない

1 失敗を部下に押し付けるのではなく、自分が責任を取る

　部下の失敗は上司の責任である。これは厳然たる組織の論理である。しかし、成果を上げられなかった責任を、部下に押し付ける管理職もいる。「君がやることをやらなかったから、失敗したのだ。君のおかげで、私もいい迷惑だよ」といった発言の背景には、「やることを部下にやらせなかった」自分自身の管理責任への反省はない。

　誰しも失敗責任は回避したい。部下に責任を押し付ける管理職も、最終責任が自分にあることは頭では理解している。しかし、人間的に弱いために、困難やトラブル、失敗に遭遇しストレスを受けると平常心を失い、自分と向き合うことができなくなる。この手の管理職は、緊急時などでプレッシャーを受けると、冷静で合理的な判断ができなくなる。状況をスピーディに把握し、失敗回避策を迅速に指示することが苦手なので、部下だけではなく上位者からの信頼も得られない。ストレス耐性の強化が課題である。

■ 失敗・成功の帰属先と効果

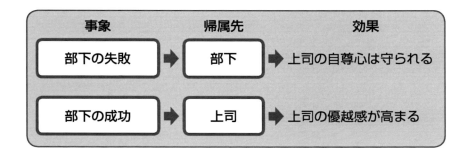

2　手柄を横取りするのではなく、部下の手柄とする

　課長の役割は「部下を使って成果を上げること」である。そして、部長の役割は「組織を使って成果を上げること」である。部下や組織が上げた成果は、本来上司の成果であり、上司が手柄を横取りするということはあり得ない。しかし、上司が手柄を横取りしたと部下に感じさせる管理職がいることも確かである。例えば、すべてを部下任せにしていた管理職が、その上位者に対して、「自分がアイデアを提供したので、○○君のプロジェクトが成功したのです」と進言し、部下に対しても「俺があのとき、アドバイスしておいてよかったよな。そうでないと、君も今ごろは大変なことになっていたよ」と、言外に自分の支援のおかげで成功したことを臭わせる管理職も少なからずいる。

　このような管理職は、基本的に自分の能力に自信がないのである。ビジネスパーソンとしての実績がほとんどないにもかかわらず管理職に登用された者や、上位者に取り入ることで成り上がってきた管理職が、自らの劣等感の裏返しとして、このような行動を取るケースが多い。本来であれば、部下が手柄を上げたと自分事のように喜び、部下をもり立てなければならない。

84 部下よりも上司が大事な "ヒラメ型" 管理職

- 上位者に対する態度と、部下に対する態度が大きく異なる管理職は、部下の信頼を得られないだけでなく、人として見苦しい
- 管理職は、パフォーマンス機能とメンテナンス機能をバランスよく発揮し、部下の信頼を得られるように行動したい

1　部下より上司が大切

　上位方針に忠実に仕事をするのはよいが、ヒラメのように上ばかり見ている管理職も困る。ビジネスパーソンである限り、自分の上位者からの評判を気にかけるのは仕方ない。しかし、上位者に対する態度と、部下に対する態度が大きく異なる管理職は、部下の信頼を得られないだけでなく、人としても見苦しい。部下に対しては、上から目線で尊大な態度をとる半面、上位者には卑屈なほど機嫌をうかがう行動をとる管理職は、自分に対して何らかの劣等意識を持っていることが多い。成功体験が少なく、自分に対して自信がないのだ。この手の管理職は、自分が無力だと分かっているから、上位者に庇護を求める。精神的なストレスが高い分、部下に当たり散らすことで、ストレスを解消しようとする。部下にとっては、迷惑な管理職であることは間違いない。

　リーダーには、二つの機能が同時に求められる。組織成果を生み出す「パフォーマンス機能」と、そのために組織の内部固めを行う「メンテナンス機能」である。部下の気持ちを配慮せず、強い態度でパフォーマンスだけを求められても、部下のモチベーションは上がらず、結果的に組織に求められる成果は得られない。上位者の信望も悪くな

■ リーダーに求められる二つの機能

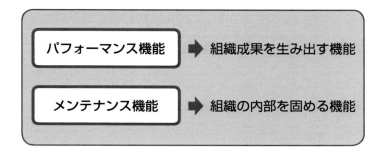

り、自身の立場が危うくなることを、ヒラメ型リーダーは理解しなければならない。

2 現場情報を重視しないと、部下の離反を招く

　ヒラメ型リーダーは、上位者の意向を重視する半面、現場情報を軽視するところがある。組織運営に必要な情報は、外部と直接接している現場から上がってくる情報である。この現場情報を管理職がボトムアップ的に吸い上げて、上位者に伝えることで、迅速で的確な経営行動をとることができる。

　しかし、管理職が現場情報を軽視し、上位者等の意向に合わせて情報を歪曲（わいきょく）して伝えるようになると、上位者の判断を狂わせることになる。一方、部下は直属の上司が現場情報を上位者に正確に伝えてくれないと困るので、直属の上司を飛び越えて、上位者と直接パイプを持とうとする。こうなるとレポートライン（組織内の正式な報告経路）が機能せず、組織は情報統制がとれなくなり、混乱を来すことになる。

85 感情をコントロールできない無軌道管理職

- 感情をコントロールするには、怒りなどの感情を引き起こしている原因を整理することから始めるとよい
- ネガティブなフレームに気づいたら、それをポジティブなものに修正する。ポジティブなフレームで捉えることを習慣化する

1 メタ認知能力を高め、自分のフレームに気づく

　威張る、怒る、怒鳴るなど感情をコントロールできない管理職は、メタ認知能力（79参照）を高めることで、自分自身を外部の視点から見つめ直すようにしたい。ただし、「自分は常に正しい」「部下は上司の言うことに従うべきだ」という強固な固定観念にとらわれて、冷静に自分自身を振り返ることができない管理職には、正直難しい。仕事を進めることは、部下との相互作用であることを理解せず、独善的な指揮命令しかできない管理職は、もともと管理職の適性に問題がある。本来は、事前のアセスメントで管理職候補から外しておかないといけない。

　自分自身の問題に気づいている管理職であれば、怒りなどの感情を引き起こしている原因を整理することから始めるとよい。どういう状況、どういった場面で非合理な感情が生じたかを思い起こし、その非合理な感情を引き起こした自分のフレーム（考え方、信念、価値観などの準拠枠）をチェックする習慣を身に付ける。例えば、「部下の反論に対して、カッと熱くなった」とすると、なぜ「カッと熱くなった」のかを振り返る。この場合、「部下の反論を自分への批判と受け取ってしまった」ということが原因なら、なぜ「部下の反論が自分への批判

■ ポジティブなフレームで捉える

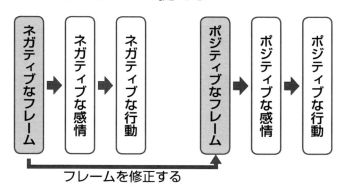

になる」と考えたのかを、さらに振り返る。そうすると、「上司は部下を、常にコントロールできなければならない」という非合理なフレームが原因であることが分かる。

2 ネガティブなフレームを修正し、使ってみる

　自分のネガティブなフレームに気づくことができれば、そのフレームを自分なりに修正してみる。「反論する部下は、自分で考えようとしている良い部下だ」「反論してくれる部下ほど、最終的には協力してくれる」などのポジティブなフレームに置き換えると、非合理な感情は生じにくくなる。
　次に、修正したポジティブなフレームを実際の場面で活用してみるとよい。同じような場面になった際に、ネガティブなフレームが出そうになっても、意識してポジティブなフレームに置き換えるようにする。そうすると、ポジティブなフレームで捉えることが習慣となり、意識しなくとも感情をコントロールできるようになる。

11

コンプライアンスとビジネス倫理

86 企業の社会的責任とビジネス倫理

- 「企業の社会的責任」という考え方は、企業のイメージアップ戦略と結び付いて、本質を見失っている感がある
- 企業や個人のモラルに訴えることで、企業に正しい判断・正しい行動を求めていく「ビジネス倫理」が注目されている

1 企業の社会的責任の変遷

　企業活動に伴う大気汚染などの公害、地球温暖化、石油資源の枯渇等の環境問題を背景に、1970年代から企業の社会的責任（Corporate Social Responsibility、略してＣＳＲ）が問われるようになった。企業の社会的責任は、「持続可能な社会の実現」を図ることが出発点にある。やがて企業の社会的責任という枠組みの中に、企業の社会貢献活動といった、より前向きな取り組みが加わり、さらに消費者などのステークホルダー重視の経営や、企業は利潤追求の前に「良き企業市民」でなければならないという考え方が浸透する中で、「企業の社会的責任」の範囲は拡大してきた。今日では、障害者や非正規雇用問題といった経営課題だけでなく、貧困問題や災害対策、過疎など地域課題への対応までが、「企業の社会的責任」の範疇で語られるようになっている。

　企業のミッション（使命）は、言うまでもなく「企業として持続可能な利益を上げること」、つまりもうけることであるが、実際の企業のミッションには、「豊かな暮らしの実現」「地域社会への貢献」など「企業の社会的責任」を意識した言葉が並んでいる。本音である「もうけること」を前面に出すと、社会的に受け入れられないからだ。

■ 企業の社会的責任とビジネス倫理

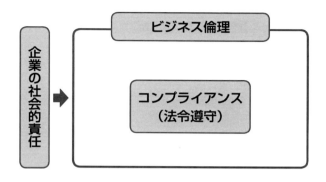

2　企業の社会的責任からビジネス倫理へ

　「企業の社会的責任」という考え方は、企業のイメージアップ戦略と結び付いて、本質を見失っている感がある。社会貢献活動を大々的にアピールしている企業が、所得隠しや利益操作などの会計不正、品質偽装・リコール隠しなどの組織的不正を行うのはなぜか。企業が、安全な製品・商品を顧客に提供する責任よりも、組織的な利益を優先するのはなぜか。「企業の社会的責任」の意味を問い直す必要がある。

　言葉倒れとなった「企業の社会的責任」の反省から、最近は「ビジネス倫理（business ethics）」という言葉が注目されるようになってきている。ビジネス倫理は、企業や個人のモラル（人としての倫理観）に訴えることで、企業に正しい判断・正しい行動を求めていくもので、コンプライアンス（法令遵守）を超える考え方である。コンプライアンスとは、法律や規則を守るという最低限の行為を求めるものでしかない。

87 企業の事業活動とコンプライアンス

- 「市場の失敗」を回避し、「市場原理」が適切に働くように、法規制が行われる
- コンプライアンス意識を身に付けるには、自分自身の倫理観と市場原理を判断基準に内省することを習慣化すればよい

1 市場原理と法規制

わが国は法治国家なので、企業のすべての事業活動は法の規制を受ける。特にビジネスという経済活動は、市場原理（マーケット・メカニズム）が前提となるので、取引や市場競争に参加するプレイヤーの自由と公正さが担保されている必要がある。何らかの形で市場が歪むと、需給調整メカニズムが働かず、市場の効率が悪化するからだ。

イギリスの経済学者アダム・スミスの「見えざる手」ではないが、自由と公正さを担保すれば市場原理が働き、価格の自動調節機能が作用することで、財（商品など）を売りたい人と買いたい人との間で最適な価格と数量が決定されるのだ。このように、市場における需要と供給のバランスによって、財の価格と数量が決定する仕組みを「需給調整メカニズム」という。

本来であれば、市場に取引を任せると、需給調整メカニズムによって最適な取引（資源配分）が可能になるはずである。しかし、例えば独占企業がバイイングパワーを背景に、自分勝手な取引を行う可能性もある。企業同士が結託し、市場に流通する商品価格を引き上げることも考えられる。また、企業に自由に経済活動をさせておくと、「外部不経済」（市場を通じて行う経済活動の外側で発生する不利益［典型例

■ コンプライアンス意識を高める

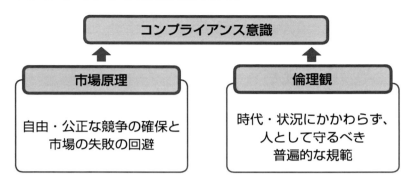

が公害］が、企業や個人に悪い効果を与えること）といって地球環境などが悪化する恐れもある。このように、市場に任せておくだけでは市場原理が適切に働かないことを「市場の失敗」という。

2　市場の失敗とコンプライアンス

　市場の失敗を回避し、市場原理が適切に機能するように、何らかの規制（ルール）が必要である。これが法規制であり、市場参加者同士が、市場がうまく機能するようにルールを守ることを「コンプライアンス経営」という。コンプライアンス経営は、法律や規則を守ることだが、法規制はどうしても事後規制となる。何らかの問題が発生して、規制が必要と判断されてから立法化されるからだ。そのため、規制される前に、法の網をくぐり抜け、抜け駆けをしようとする企業は後を絶たない。このような企業は、コンプライアンス意識が低いと言わざるを得ない。

　コンプライアンス意識を身に付けるには、「この行為は、市場を歪めていないか」と内省することを習慣化すればよい。その際の判断基準は、自分自身の倫理観と市場原理である。

88 会社は誰のためにあるのか

- 会社はステークホルダーの利害を調整しながら、社会的に存在している。「会社は社会の公器」と言われるゆえんである
- 労働市場も、市場原理だけでは人権が保障されない。法規制が不十分な領域でこそ、ビジネス倫理を発揮したい

1 株主以外の利害関係者（ステークホルダー）に目を向ける

　企業（株式会社）は株主の出資によって成り立っている。会社を解散するときは、負債を返済した後の残余財産を株主に分配する。会社が利益を上げれば株主が配当を受け取り、会社が倒産したら株主が損失を被る。「会社は誰のものか」という問いの立て方をすると、株主のものということになる。このような考え方を「ストックホルダー理論」という。経営者は株主の代理人として利益を上げることに専念する。そこには道徳や倫理というものは介在しない。

　一方、「会社は誰のためにあるのか」という問いの立て方をすると、別の見方ができる。会社が成立するには多くの利害関係者（ステークホルダー）が必要だ。利害関係者とは、株主（オーナー）、従業員、取引先、顧客、社会、そして経営陣だ。会社は利害関係者に良い意味でも悪い意味でも影響を与えるという点から、彼らに対して一定の責任を持っていると考えられる。そのため株主と同様に、会社に対して一定の行為を要求することができる権利を持っていると捉えることが可能となる。このような考え方を「ステークホルダー理論」という。会社は多くの利害関係者の利益を調整しながら、社会的に存在しているのだ。

■ 会社の存在を問い直す

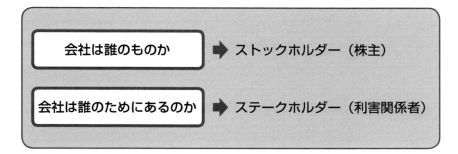

2　従業員の人権とビジネス倫理

　従業員は主要なステークホルダーであるが、過重労働、いじめ・ハラスメント、リストラ・不当解雇、一方的な配転命令など、人としての権利が十分に保障されているとはいえない場合もある。社会問題化している"ブラック企業"も、市場原理に従えば、入社する者がいなくなり、いずれは労働市場から消える運命にある。しかし、会社と個人が、同じ労働市場の参加者だとしても、圧倒的な交渉力格差がある。市場原理だけでは人権が保障されない「市場の失敗」が、労働市場にも存在しているわけだ。

　また、男女差別問題、正規・非正規雇用問題など、法規制が不十分な労働問題は、人や組織としての倫理観（ビジネス倫理）に頼らざるを得ない。会社はステークホルダーの利害に配慮しながら、倫理観をもって対処しなければならない。

89 管理職に求められるビジネス倫理

- 管理職は普段から倫理意識を高めて、組織的不正・不祥事が発生しないように、事業運営の細部にまで目を光らせる
- 人は組織内で役割を持つと、組織の命令に対して盲目的に従ってしまう傾向がある。管理職はビジネス倫理を強く意識すること

1　公正かつ自由な競争に基づく事業活動の推進

　コンプライアンス違反、ビジネス倫理にもとる行動をした企業は、最悪、解散に追い込まれ、多数の従業員を路頭に迷わすことになる。管理職は普段から倫理意識を高めて、組織的不正・不祥事が発生しないように、事業運営の細部にまで目を光らせたい。一方、会社も、コンプライアンス指針を作成し、「公正かつ自由な競争に基づく事業活動の推進」を従業員に周知徹底した上で、コンプライアンス・マニュアルを作成し、職掌別に行為規範（何が良くて、何が不適切な行為かを具体的にしたもの）を示すようにする。その上で、不正行為をしないよう、内部統制の仕組みを築くのだ。

　しかし、指針やマニュアル、内部統制で防止できる不正は、従業員一個人が行う不正に限定される。組織的な不正は、組織文化や組織階層の中での個人の役割など組織心理的な要因が絡んでくるからだ。再発防止策を講じても、何度も不正を繰り返す組織には、組織文化に根深い問題がある。

■ 組織的不正が行われる原因

組織の属人化	倫理ではなく、有力者の意向が判断基準となる組織。有力者の意向が勝手に解釈され、行動に移される。組織が有力者の発言を超えて暴走する
↓	
代理状態	有力者の意向に沿って、盲目的に組織内の役割を果たそうとする。個人の価値観が組織の価値観にとって代わられていることに気づかない

2　組織文化と管理職のビジネス倫理

　組織的不正が行われる原因は、いくつかある。例えば、組織の属人化だ。「何が正しいか」ではなく、「誰が言ったか」「誰が賛成し、誰が反対しているか」が事業運営の判断基準となっている組織では、倫理的な善悪の判断が入り込む隙はない。このような組織では、有力者の発言一つひとつが有力者の意向を踏まえて解釈され、組織行動が決まる。例えば、部長が「数字が上がってないと困る」と発言したことを、「不正に数字を作ること」だと解釈するのである。そして、組織の意向をくんで不正行為を実行した者は、メンバーから評価され、他のメンバーも右にならえで不正行為に手を染めるようになる。

　また、人は組織内で役割を持つと、一個人としての意識が弱くなり、自分自身を組織の要望を実行している代理人としてみなすようになる（これを「代理状態」という）。そのため、組織の命令に対して問題意識を持たず、盲目的に従ってしまうのだ。これらに対して管理職が倫理観を強く持たなければ、自分の価値観が組織の価値観に取って代わっていることにも気づかなくなってしまう。

90 企業の不正防止と内部統制

- 情報の出し惜しみ、情報の歪曲、個人攻撃などが行われている組織は、社内の空気がよどみ、不正の温床となる
- 不正は、「機会」「動機」「正当化」の３要素がそろった場合に発生する。内部統制を厳格にし、普段から部下の不満に耳を傾ける

1　オープンな企業風土が不正を防止する

　会社にとって不都合なものも含めて、経営に関する情報が社内でオープンにされていて、意見箱など従業員の意見を取り入れる仕組みや、メンバー間のコミュニケーションが明確かつ誠実に行われている組織であれば、その組織風土自体が不正を防止する機能を持つ。一方、必要な情報を出し惜しみする、情報を歪曲して伝える、個人攻撃や人権侵害となり得る情報を社内に流布するなど、倫理的でないコミュニケーションが行われている組織は、コミュニケーションが閉鎖的になり、社内の空気がよどみ、不正の温床となる。

　法令違反や不正行為などの発生、またはそうした恐れがある状況を知った者が対応窓口に直接通報できる「内部通報制度」を導入している企業は多い。しかし、情報がオープンな会社であれば、そもそもこの制度は必要ない。内部通報制度は不正防止の最終手段だ。しかし、閉鎖的な会社では、この制度はあまり機能しない。義を貫き不正を通報することで、逆に通報者が窮地に立たされる恐れがあるからだ。それだけ閉鎖的な会社では、組織への不信感が強い。

■ 不正のトライアングル理論

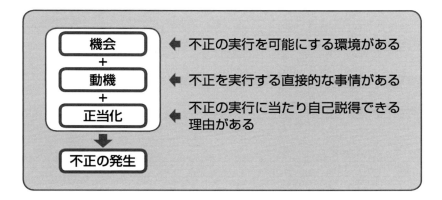

2 不正が生じる3要素

　企業の内部統制の仕組みを考える上で参考になるものとして、アメリカの犯罪学者 D.R. クレッシーが提唱した「不正のトライアングル理論」がある。クレッシーによると、不正は「機会」「動機」「正当化」の3要素がすべてそろった場合に発生するという。「機会」とは不正の実行を可能にする環境のことで、仕事が細分化されていて、本人以外のチェックが入らない、上司による帳票類のチェックがおざなりである、発注業務と検収業務、請求業務と入金業務を同一の人物が担当しているなど、相互牽制機能が働いていない場合をいう。

　「動機」とは、不正を実行する直接的な事情で、借金、仕事上の失敗、達成困難なノルマからのプレッシャー、強い昇進欲求などが考えられる。「正当化」は、不正の実行に当たり自己説得できる理由があることをいう。「給料が低い」「不当な扱いを受けた」「みんなやっていることだ」「後で埋め合わせするから大丈夫」などの理由が挙げられる。

　管理職は内部統制を厳格に行う一方、普段から部下の不満や悩みに耳を傾け、不正行為の動機や正当化理由を与えないように心掛けたい。

91 情報管理とインサイダー取引規制

- 知的財産からマイナンバーまで、企業には絶対に外部に流出させてはならない情報がある。情報管理は内部統制上も必須
- インサイダー情報を得た者は、家族や友人、同僚等への情報提供も自粛する。情報受領者も取引規制の対象となる

1 情報管理と守秘義務

　内部統制の観点から、管理職が最も気を付けないといけないことは、情報管理であろう。知的財産からマイナンバーまで、企業には絶対に外部に流出させてはならない情報がある。社内情報を識別し、収集・利用・伝達・保管・廃棄のルールを整備し、適切な運用がなされているかをモニタリング（チェック）する。ポイントとなるのは運用だ。管理職自ら率先して、細部にまで気を配った行動を示すことが重要となる。

　例えば、外部に公表されていない内部情報を取引先に伝える場合は、事前に守秘義務契約を締結するだけではなく、情報を提供する都度、「機密情報なので……」と厳重な取り扱いを要請する一言を追加する慎重さが必要だ。基本的に社外公表されていない情報は、すべて「機密情報」として扱ったほうがよい。自社だけでなく、先方企業から得た情報も同じである。

　会社情報の発信を禁止する旨のSNS利用規約を作成し、部下に遵守を求めるのは当然だが、社内の飲み会でも、周囲に事業内容が悟られないように、関係取引先の名称などを出さない等のグランドルールを設定しておくとよい。普段から情報管理に注意を払う組織風土を形

■ インサイダー取引規制の対象者

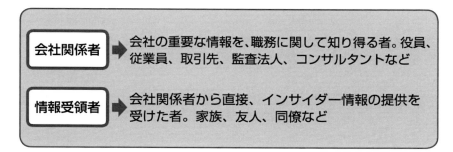

成しておきたい。

2　インサイダー取引規制と情報管理

　金融商品取引法（166条・167条）では、上場会社の株価に影響を与える可能性のある重要な情報を入手した者（インサイダー）が、情報が公表される前に、一般投資家よりも有利な立場で株を売買することを禁じている。インサイダー取引がなぜ規制されるかというと、株式市場が歪められるからだ。取引に有利な情報を持つ市場参加者がいれば、市場の公正さは失われてしまう。インサイダー取引で摘発されれば、不正取引で得た利益はすべて取り上げられるだけではなく、懲戒解雇などで社会的地位も失うことになる。

　新商品の開発情報から、決算情報、提携や合併、会社不祥事、人事情報まで、株価に大きく影響する情報は、インサイダー規制に引っかかると考えたほうがよい。会社関係者（役員、従業員、取引先）から直接インサイダー情報を入手した者（情報受領者）も、規制の対象となり罰則が適用されるので注意が必要だ。

12

管理職が知っておくべき経営数字の基本

92 数字を理解し、数字で考え、数字で説明する

- ビジネスの共通言語は数字である。数字は分かりやすいだけでなく、加減乗除の計算によって加工が可能で分析にも使える
- 経営数字は大きな数字から見ていくことで全体像を把握する。問題が見つかれば原因を仮説立てして細かくチェックする

1 数字で考え、数字で示す習慣を身に付ける

　ビジネスの共通言語は数字である。人の頭の中にあるノウハウやイメージは、どれだけ優れたものであろうと、相手には伝わらない。言葉や数字にして、初めて相手に理解してもらえる。特に数字は非常に扱いやすく、加減乗除の計算によって加工も可能である。例えば「売り上げを1億円上乗せする」という目標も、「既存商品で5000万円、新商品で5000万円、合わせて1億円上乗せする」と足し算を使って表現すると、より具体的になる。「売り上げが前期比5000万円マイナスになった」ということも、「売り上げ＝販売数量×平均単価」という数式を使って「販売数量は変わらないが、平均単価が減少したことで5000万円マイナスになった」と説明することで、問題点がより明らかになる。

　数字はデータ化することで分析にも使える。例えば、商品別の売り上げ・利益の推移を時系列でグラフ化すれば、商品別にてこ入れ策を検討する資料にできる。分析は、二つ以上の項目を掛け合わせて考察すると、深みが増す。例えば、商品の販売状況を「年齢別」と「性別」でクロスさせて分析すると、「男性の30代のマーケットが手つかずになっている」というように課題を浮き彫りにできる。

■ クロス集計の例（性別・年代別構成比）

－％－

		表頭				
		20代	30代	40代	50代〜	合計
表側	男性	40.0	5.0	35.0	20.0	100.0
	女性	30.0	30.0	30.0	10.0	100.0
	合計	35.0	17.5	32.5	15.0	100.0

質問項目を表頭と表側に分け、それぞれが交わる欄に該当する回答数や比率を記載したものを、クロス集計という

なお、データ分析は、その活用目的を明らかにしてから行いたい。次工程でどのようなアクションを想定しているかによって、集めるデータと分析の切り口が変わるからだ。

2　大きな数字から押さえることで全体像を把握する

　損益計算書などの経営数字を見ていく場合、最初から項目別に細かく見ていく人もいるが、それでは全体を押さえることができない。まずは総合計の数字を確認する。前期の数字と見比べて、変化があるか否かをチェックするのだ。大きな変化があれば、その原因について考えてみる。この段階では、あれこれ数字を見比べて原因追及はしない。まずは仮説を立てて、チェックすべき項目の当たりをつけるとよい。

　次に、小計の数字を確認する。その際、構成比（小計÷総合計×100）とその変化も併せて確認しておきたい。事業活動を行った結果が数字なので、変化して当然だが、その変化が事業活動の目的・計画と乖離していると問題となる。

93 会社で使う会計用語の基礎知識

- ●「収益」と「利益」は異なる。収益（売り上げ）から費用（コスト）を引いた残りが利益である
- ●「収入」は現金の入金をいう。商品が販売されれば売り上げとして「収益」になるが、代金が未入金であれば「収入」にならない

1　会計用語の勘所を押さえる

　経理業務を専門としない管理職であっても、上級管理職ともなれば、ある程度の経営数字は読めないと困る。とりわけ会計用語は正確に使えるようにしておきたい。例えば、収益と利益の区別は重要だ。また、「損益」と「収支」の違いや、法人税法上の概念である「損金」「益金」との違いも誤解しやすい。

　まず、「損益」とは何かを押さえたい。損益は「損失と利益」という意味で、1年間（1会計期間）の収益（売り上げ）と費用（コスト）の差額のことである。差額がプラスになれば利益、マイナスなら損失という。費用は収益を上げるためにかかったすべてのコストのことで、人件費や販売費、製造原価（製品が販売された時点で費用計上する）も費用になる。「損金」は費用のうち、税法上、収益から差し引くことができる費用のことをいう。損金として認められれば、課税の対象とはならない。損金にならなければ「益金」として扱われる。

　損益に対し「収支」とは、現金の入金（収入）と出金（支出）をいう。商品が販売されれば売り上げとして「収益」になるが、代金が未入金であれば「収入」にはならない。

■ 損益の構造

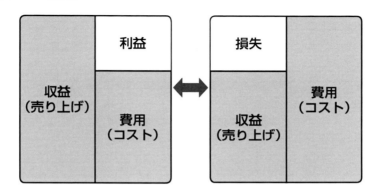

2　経理処理で使う用語を間違えない

　日常的な経理処理で使う用語の漢字を間違って覚えている管理職も多い。例えば、出張旅費等の「経費精算」を「経費清算」とする間違いだ。「精算」は、文字どおり細かく計算するという意味で、料金などの過不足を計算し直す場合にも使う。出張前に仮払いを受け、出張後に過不足を計算し直すこともあるが、この場合も「精算」でよい。「清算」は相互の貸し借りを計算して最終的に決まりを付ける場合に使う。借金の清算、会社の清算（倒産時の残余財産の整理・分配）などが用例だ。

　「決裁」を「決済」と書いている人もいる。「決裁」は部下のうかがいを上司が承認することである。「決済」は、支払いを済ませて取引を終了させる場合に使う。現金決済、クレジット決済のように使う。「仕訳」と「仕分け」も勘違いしやすい。発生した取引を、「交際費」や「会議費」などの勘定科目に分類する作業は「仕訳」である。

94 利益を生み出す仕組みを理解する

- 収益構造は事業内容やビジネスモデル、競争環境等によって異なる。「誰を対象に」「何によって、もうけているか」に着眼する
- 利益を改善する方法は、「値上げ」「販売数量増」「原価低減」の三つだ。原価低減が一番堅実で確実に利益改善が見込める

1 収益構造は事業内容やビジネスモデルで変わる

　利益を生み出す仕組みを、収益構造という。収益構造は、事業内容やビジネスモデルによって異なる。収益構造を見るポイントは、「誰を対象に」「何によって、もうけているか」の二つである。対象は一般消費者なのか、それとも企業なのか。もうける方法は商品の販売なのか、サービスの提供なのかなど、企業によってさまざまである。例えば飲食業であれば、料理ではなく、アルコール類の提供で利益を上げている店もある。

　収益構造は競争環境によっても変わる。他企業と差別化が困難なメーカーは、商品単価を高く設定できないので、一般に利益率が低くなる。また、原材料の価格変動が大きい業種は、収益構造が不安定になりがちだ。収益構造が変われば、売り上げや費用の構造、資産や負債の構成も変わるのが一般的だ。

2 利益を改善する方法を考える

　「利益＝収益（売り上げ）－費用」である。この式から利益をさらに上げるには、売り上げを上げる、費用を削減するという二つの方法が

■ 利益を改善するための方法

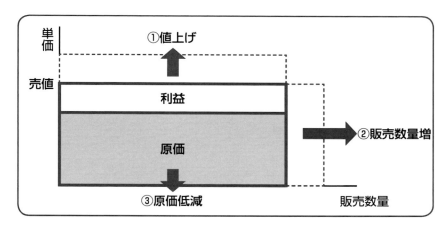

あることが分かる。さらに「売り上げ」は、「売り上げ＝単価×販売数量」に分解できることから、[図表]のように利益を改善する方法を検討することが可能になる。なお、[図表]では便宜上、商品販売に関するもろもろの費用を「原価」としてまとめてある。

　まず、手っ取り早く利益を改善する方法が「値上げ」だ。値上げをすると、販売数量が同じでも利益アップが図れる。ただし、単純な値上げだと、顧客の納得を得ることは難しい。販売数量が逆に減少してしまう恐れもある。商品の高付加価値化、つまり原価アップとセットにして単価を引き上げることが現実的である。

　次は、販売数量の増加である。売値が変わらなくても販売数量が増えると利益は増加する。ただし、販売促進のための費用が余分にかかるので、利益改善効果は多くは望めない。また、無理して販売数量を増やすために、「値引き」をせざるを得なくなり、逆に利益が減少する可能性もある。

　原価低減は顧客に迷惑を掛けることもなく、確実に利益を改善することができる。さらに、原価低減した分だけ単価を引き下げれば、マーケットシェアの拡大（販売数量の増大）も狙える。

95 P/L、B/Sの基本を押さえる

- 損益計算書は、売り上げから段階的に費用を控除することで、売上総利益など各段階の利益を明らかにした資料である
- 貸借対照表は、期末時点での会社の資金の状況を示すもので、左側の「資産の部」と右側の「負債および資本の部」から成る

1 損益計算書（P/L）の基本を押さえる

　損益計算書（Profit & Loss Statement、略してP/L）は、その名のとおり、1会計期間（1年間）の利益と損失を計算によって求めた資料である。利益の源泉は売り上げ（収益）である。ただし、売り上げがそのまま利益になるわけではない。企業は売り上げを上げるために、商品を作り、販売活動を行うなどさまざまな活動を行っている。そういった活動に必要な費用を一つひとつ控除した残りが、最終的な利益となる。

　売り上げを立てるには、商品が必要となる。まず、売り上げから商品の原価（コスト）を控除する。その残りが「売上総利益（粗利益）」だ。次に、商品を販売するための活動費（販売費および一般管理費）を控除する。残りが「営業利益」となる。営業利益は本業での収益力を表しているので、非常に重要な数値である。営業利益を売上高で除したものが「営業利益率」である。営業利益率を経年や競合他社と比較すると、営業戦略の効果が評価できる。

　営業利益から財務活動の費用（借入金の利子など）を控除し、収益（預金利息など）を加算すると「経常利益」となる。経常利益は、通常の事業活動で獲得した利益である。これに特別利益（資産売却など）と

■ 損益計算書で求める利益

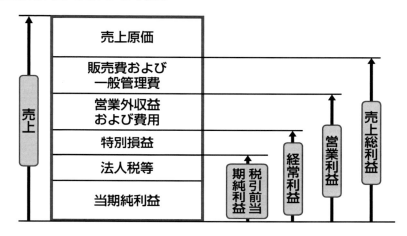

特別損失(リストラ費用など)を足し引きし、「税引前当期純利益」を出す。最後は、税金を控除し「当期純利益」を求める。

2 貸借対照表(B/S)の基本を押さえる

　貸借対照表(Balance Sheet、略してB/S)は、期末時点での会社の資金の状況を示すものである。貸借対照表はバランスシートと呼ばれるが、左側の「資産の部」と右側の「負債および資本の部」の合計金額が同じ金額でバランスしているからだ。「資産の部」は、生産や販売活動における資金の状況を示している。資金は現金だけではなく、在庫などの棚卸資産や建物や機械設備に形を変えて存在している。資産のうち、1年以内に現金化されるものを「流動資産」、そうでないものを「固定資産」として区分している。

　「負債および資本の部」は、資産を購入するための資金をどこから調達してきたかを示している。株主から調達した「資本金」以外に、「負債」として借入金や買掛金、引当金などが記載されている。負債も返済期間1年を基準に「流動負債」「固定負債」に分けられる。

96 キャッシュフローの重要性

- ●会計上の利益は確保できても資金が不足している場合、黒字倒産の可能性がある。キャッシュフローの重要性を認識したい
- ●フリーキャッシュフローを増やすことが重要だ。投資や借入金の返済、株主配当などさまざまな用途に活用できる

1　キャッシュフローの意味と重要性

　キャッシュフローとは、文字どおりキャッシュ（現金および現金同等物）の流れのことである。キャッシュフローを見れば、会社に資金がどれだけあるかが分かる。「勘定合って銭足らず」ということわざがあるが、会計上の利益は確保できても、資金が不足している場合、支払いや借入金の返済ができずに黒字倒産となる可能性もある。会計上の利益は、資金の流れとは関係がないからだ。現在の会計基準は「発生主義会計」と呼ばれ、商品が販売された時点で、収益として認識され、費用支出をすれば、実際の支払いとは関係なく費用として認識される。

　一方、取引先の営業債権が回収できずに不良債権化したり、商品在庫などの棚卸資産が陳腐化し、資産価値が喪失していることもある。これらの資産は、結局、現金化されない可能性が高く、手元資金はそれだけ減少することになる。

　そこで、会計上の利益だけではなく、現実の手元資金にも着目されるようになってきた。会計の世界では「利益は意見、キャッシュは事実」と言われるが、企業経営の実態を正確に把握し、デフォルトリスク（倒産などで債権の回収ができなくなるリスク）を回避するためにも、キャッシュフローを理解することは重要だ。

■三つのキャッシュフロー

営業キャッシュフロー	→	本業によって得た資金の流量
投資キャッシュフロー	→	固定資産の取得・売却で得た資金の流量
財務キャッシュフロー	→	調達または返済された資金の流量

2　三つのキャッシュフローとフリーキャッシュフロー

　キャッシュフローは、資金の使途の観点から「営業キャッシュフロー」「投資キャッシュフロー」「財務キャッシュフロー」の三つに分けられる。「営業キャッシュフロー」は、本業の営業活動で獲得した資金の量を示している。「投資キャッシュフロー」は、設備投資や資産売却での資金の動きに関係する。「財務キャッシュフロー」は、資金の調達や借入金の返済等での資金の流れである。

　ちなみに、営業キャッシュフローと投資キャッシュフローを合わせたものを「フリーキャッシュフロー」と呼ぶが、これは会社が自由に使える資金という理由からである。フリーキャッシュフローが増加すれば、新規事業への投資、借入金の返済による財務体質の強化、株主への配当も可能だ。フリーキャッシュフローが潤沢にあることが、優良企業の条件となりつつある。

97 損益分岐点の考え方

- ●損益分岐点とは、利益がちょうどゼロとなる売上高のこと。売上高が損益分岐点を超えると利益が急速に改善する
- ●損益分岐点が低いほど会社の利益体質は強くなる。不況抵抗力も増すので、安定した経営を行うことができる

1 損益分岐点の意味と重要性

　損益分岐点とは、利益と損失の分岐点であり、利益がちょうどゼロとなる売上高のことをいう。損益分岐点は、実務的には、利益率が低い仕事の依頼を受けるか否かという意思決定の際に重要となる。例えば、材料費が1個につき50円かかる部品を、60円で作ってほしいというオーダーが入った場合、1個10円の利益になるので受けてもよいと判断しがちだが、この場合、部品を製造する設備のコストはまったく考慮されていない。そのため、黒字になると想定して受注した仕事が、最終的には赤字になる可能性もある。採算が取れる損益分岐点を、事前に計算しておく必要がある。

　売上高が損益分岐点を超えれば利益が拡大することから、損益分岐点を利用して売り上げ計画を立てることもできる。目標利益額を設定し、その利益額が達成できる売上高を売り上げ目標とする。また、損益分岐点は会社の不況抵抗力を判断する場合にも役立つ。現在の操業度がどれだけ低下すれば赤字に転落するのかが分かれば、事前の対策も立てやすい。

■ 損益分岐点の考え方

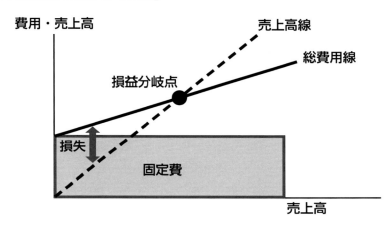

2　損益分岐点の計算方法

　利益は売り上げ（収益）と費用の関係で決まる。「利益＝収益（売上高）－費用」だからだ。「費用」は固定費と変動費に分けられる。固定費は売上高とは関係なく、固定的に発生する費用で、人件費や機械設備等の減価償却費が該当する。変動費は、売上高（生産量）によって変動する費用で、原材料費、仕入原価、販売手数料などが該当する。固定費と変動費を合わせて「総費用」と呼ぶ。売上高が総費用を上回れば（損益分岐点を超えれば）採算は合う。［図表］では、損益分岐点となる売上高を下回るほど、費用が回収できず、損失が膨らんでいることが分かる。

　損益分岐点売上高を求めるには、まず変動費率を求める（変動費率＝変動費÷売上高）。後は、変動費率を公式（損益分岐点売上高＝固定費÷［1－変動費率］）に当てはめればよい。

　損益分岐点が低いほど、利益体質は強くなる。損益分岐点を下げるには、遊休資産の売却、人件費の圧縮など固定費を削減する方法と、原材料の見直しなど変動費を改善する方法の二つがある。

98 スピード経営と業務効率化

- ●「スピード」は、重要な競争優位の源泉である。環境変化に即応し、他社よりも俊敏に動ける組織を目指したい
- ●効率を上げるためには、定型的なルーチン業務の改善が欠かせない。業務の問題を定量的に把握しながら改善を進める

1 スピード経営・リードタイム短縮がなぜ重要か

　環境変化に即応し、俊敏に動き市場をリードする「スピード経営」は、競争戦略上も重要である。顧客ニーズに合った商品を開発し、適切な販売チャネルを選択し、効果的なプロモーションを行うことも重要だが、そもそも競争に勝たなければ企業が市場に残ることはできない。競合他社よりも早く市場のニーズを把握し、先手を打って商品やサービスを提供するには、商品開発から市場導入までのすべてのプロセスにおいて、時間を意識した事業運営がなされる必要がある。

　しかも、スピード経営のメリットは、競争力の向上だけではない。例えば、受注から出荷までのリードタイム短縮は、需要の変動に迅速に対応でき、ビジネスチャンスを逃さないというメリットだけでなく、作り置きが少なくて済むことから工場在庫や店頭在庫の削減が可能となり、資金を寝かせておく必要がなくなる。つまり、キャッシュフローの改善にもつながるのだ。

　また、生産のサイクルタイムが短縮できれば、同じ時間でより多くの製品を生産できるようになる。これは、設備投資などの固定費の回収速度を早められることになり、投資効率の向上にも寄与する。

■ スピード経営のメリット

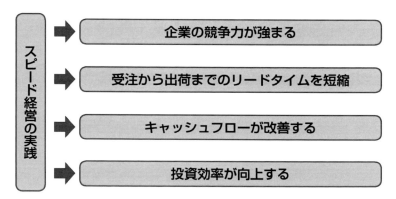

2　業務改善につながる効率性を対話で追求する

　業務改善とは、主に定型的なルーチン業務のプロセスを見直すことで、効率を上げることをいう。具体的には「ＥＣＲＳの原則」（**17**参照）を使って業務を見直すとよい。メンバーと業務を見直すときには、感覚値ではなく、定量的な表現で検討したい。例えば、「この業務で結構、残業をしている」「仕事が多い」「よくミスをする」ではなく、「週に2～3日は、この業務で3時間程度残業している」「月に50人時程度の仕事量がある」「50回に1度程度の割合でミスが発生している」というように数字で対話するようにする。ポイントは、「時間単位（時、日、月、年）」「頻度」「量」「割合」で見える化することだ。

　業務改善は、メンバーの責任追及ではない。最初から細かい点を追求すると全体像が見えなくなる。業務の目的を最初に確認し、その目的を達成するために、どういう流れで業務が行われているかを大まかに把握しておくことから始める。

99 利益を生まない仕事は今すぐやめる

- コスト削減は利益を生み出す効果がある。定期的に業務の棚卸しをして業務効率を上げるだけで、コスト削減は実現する
- 業務を人件費換算してコストとして捉えると、無駄な仕事に気づきやすい。ただし、部下育成はコストではなく投資と考える

1 利益改善に向けて、まずは費用（コスト）を削減する

　利益改善に直接結び付くのは、コスト削減である。リストラでもコスト削減をしてから、売り上げ拡大策に手をつける。その逆はない。利益を生み出すという点で、コスト削減は売り上げ増と同じ効果がある。まずは、コストに占める割合が高い人件費の節約（業務の見直し）を検討したい。原価低減活動でよく例えに挙げられる「乾いたタオルを絞る」ではないが、仕事にはいつの間にか無駄なものが混じり込んでいる。定期的に業務の棚卸しをするだけで、業務効率は大きく向上する。

　業務の棚卸しは、業務をすべて洗い出すことから始め、「その業務を廃止すると事業が成り立たなくなるか否か」という基準で、コア業務を選別する。コア業務以外は、効果性・効率性の観点から優先順位を付けて選別すればよい。また、業務フローをたどっていき、重複している業務、一つに集約できる業務がないかをチェックすることもポイントになる。

■ コスト削減で利益を生み出すイメージ

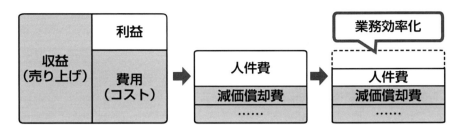

2　仕事の無駄を数字で捉える

　仕事を数字で評価する習慣を身に付けると、無駄な仕事に気づきやすい。典型的なのは会議である。1時間当たりの平均人件費が5000円のメンバー10人で会議を開くと、1時間当たり5万円のコストが発生する。2時間なら10万円だ。これに会議資料作成時間や事前調整の時間コストを加えると、合計で20万円にも達するコストを掛けていることになる。コストはそれだけではない。もし会議に時間を取られなければ別の仕事で30万円の利益を獲得できたとすると、この30万円も機会損失としてコストに加える（これを「機会費用」という）。トータル50万円のコストを掛けて、2時間の会議でどれだけの利益が上がるのかを考えると、成果が期待できない会議など開く気にはならないはずだ。

　部下の仕事をチェックする場合は、1分当たりの人件費で考えるとよい。時間コスト3000円の部下なら1分当たり50円のコストになる。その部下に100円の消しゴムを10分かけて買いに行かせたら、トータルコストは600円となる。

　もちろん仕事にはコストではなく、投資として捉えるべきものがある。OJTや部下との個別面談をコストと考えると、部下を育てようという気にはならない。投資と考えて、投資効果が最大になる育成方法を考えるべきだ。

100 部分最適ではなく全体最適で考える

- 目的を考えず、すぐに方法論に入ってしまうと、視点がミクロになり、部分最適な成果しか得られない
- 高い視座から組織全体を俯瞰し、現状の問題を捉えることで、現状を変革する必要性が見えてくる

1 ミクロに入り込むとマクロが弱くなる

　数字で物事を考える人は分析的な思考に長けている半面、「要素還元主義」に陥りやすい。要素還元主義とは、組織や業務を全体として把握するのではなく、それを構成している要素に分解して、要素一つひとつについて、その適否を考えようとする傾向をいう。個別の要素は、それぞれ他の要素と関連しているが、その関連を見ずに、個別の要素だけで対応策を講じるようになると、ミクロに入り込んでしまい、適切な判断ができなくなる。

　これは目的を考えず、すぐに方法論（手段）に入ってしまうことが原因である。方法論を先に考えると、現状の延長線上での改善にとどまってしまう。先に目的を問い直す必要がある。マクロな視点で、現状を俯瞰的に捉えることで、現状の問題点が見えてくる。過去からのしがらみで続けている事業や業務、将来のために着手しなければならない課題も見えてくる。現状とは違う、別の仕組みを作る必要性が浮き彫りになってくるはずである。

■ 変革には視点の転換が必要

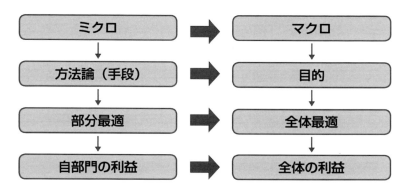

2　部分最適ではなく全体最適を考える

　上級管理職であれば、部分最適ではなく全体最適を考えなければならない。しかし、自部門の利益に反することには抵抗を覚える。そのため、総論賛成・各論反対の立場を取りがちだ。危機感から変革が必要だと分かっていても、何かと理由をつけて行動を回避する。

　そこで、変革を推進する「チェンジエージェント」が必要となってくる。チェンジエージェントを担うのは経営者でもスタッフの専門職でもよいが、できれば現場の上級管理職が望ましい。チェンジエージェントは、なぜ改革が必要かという目的と、着地点である目標をストーリーで語り、不安な状態にあるメンバーに指針を示さないといけない。変革が組織の利益に反すると思い込んでいるメンバーもいるので、ロジカルな説明と十分な対話を行い、彼らを変革のプロセスに取り込んでいく。変革に抵抗するグループの中心人物は、変革のシナリオづくりや意思決定に参加させることで巻き込みを図りたい。

　チェンジエージェントは、組織を動かすことで変革を促し、新たな組織を創造する役割を担う。自身や自部門の利益代表者の地位にとどまることは許されない。

■著者紹介

本田和盛（ほんだ かずもり）

あした葉経営労務研究所　所長
特定社会保険労務士、MBA、キャリアコンサルタント。
小樽商科大学卒、法政大学大学院経営学研究科（人材・組織マネジメント専攻）修了、同大学院博士課程単位取得退学（労働法政策、キャリア政策）。コマツにて法人営業、販売企画、人材育成などの業務を担当後、人事・労務のプロフェッショナルを目指し独立。社会保険労務士として開業後10年間で、200社を超える企業に対し、人事・労務・採用・メンタルヘルスに関するコンサルティングを行う。労働法務から組織開発まで最先端のソリューションを提供し続けている。
著書として『厳選100項目で押さえる 管理職の基本と原則』『人事が伝える 労務管理の基本』（以上、労務行政）のほか、労働専門誌等への執筆をはじめ、セミナー・講演の実績も多数。
連絡先：honda@asitaba.biz

カバーデザイン／BSL
印刷・製本／株式会社 ローヤル企画

精選100項目で押さえる　管理職の理論と実践

2016年　5月31日　初版発行
2020年　8月29日　初版3刷発行

著　者　本田和盛 ©2016 Kazumori Honda Printed in Japan
発行所　株式会社 労務行政
　　　　〒141-0031　東京都品川区西五反田3-6-21
　　　　　　　　　　住友不動産西五反田ビル3階
　　　　TEL：03-3491-1231
　　　　FAX：03-3491-1299
　　　　https://www.rosei.jp/

ISBN978-4-8452-6292-2
定価はカバーに表示してあります。
本書内容の無断複写・転載を禁じます。
訂正が出ました場合、下記URLでお知らせします。
https://www.rosei.jp/static.php?p=teisei